穿越黑暗的道路

SUR LES CHEMINS NOIRS

by
Sylvain Tesson

席爾凡・戴松——著
蘇瑩文——譯

獻給L

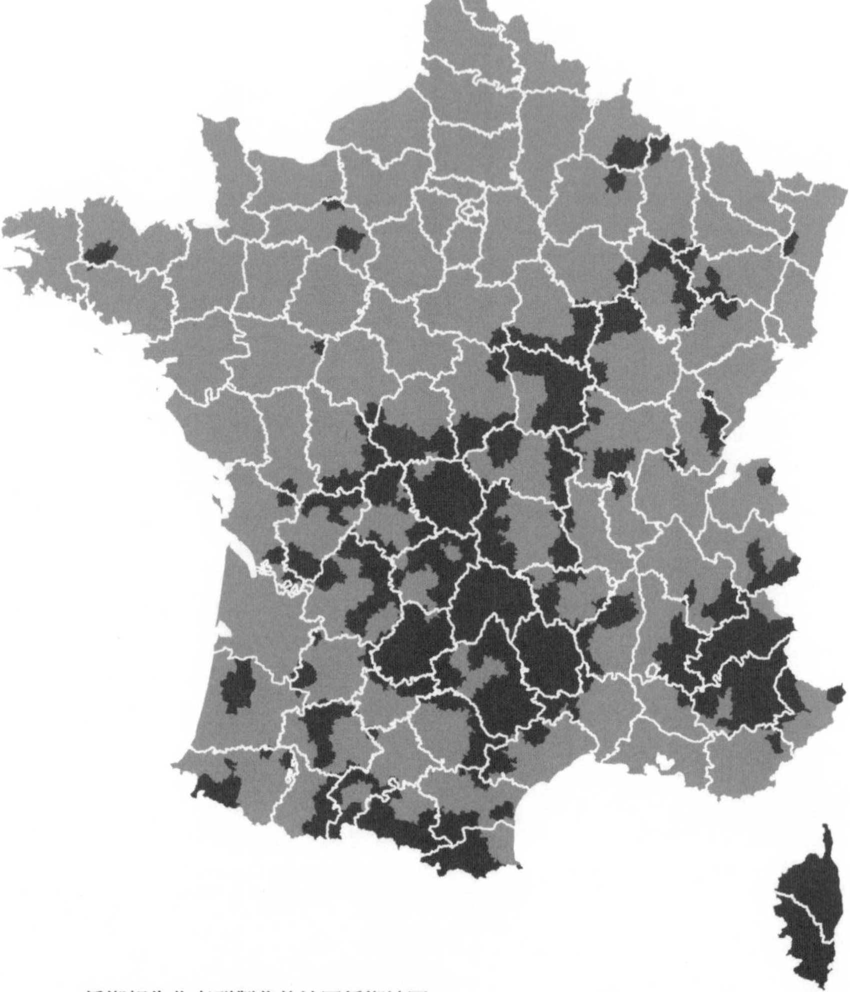

偏鄉報告作者群製作的法國偏鄉地圖。
兩百五十處偏鄉的定義為地理位置偏遠隔離，人口密度低，
缺乏設備、服務與奧援（地圖陰影處）。

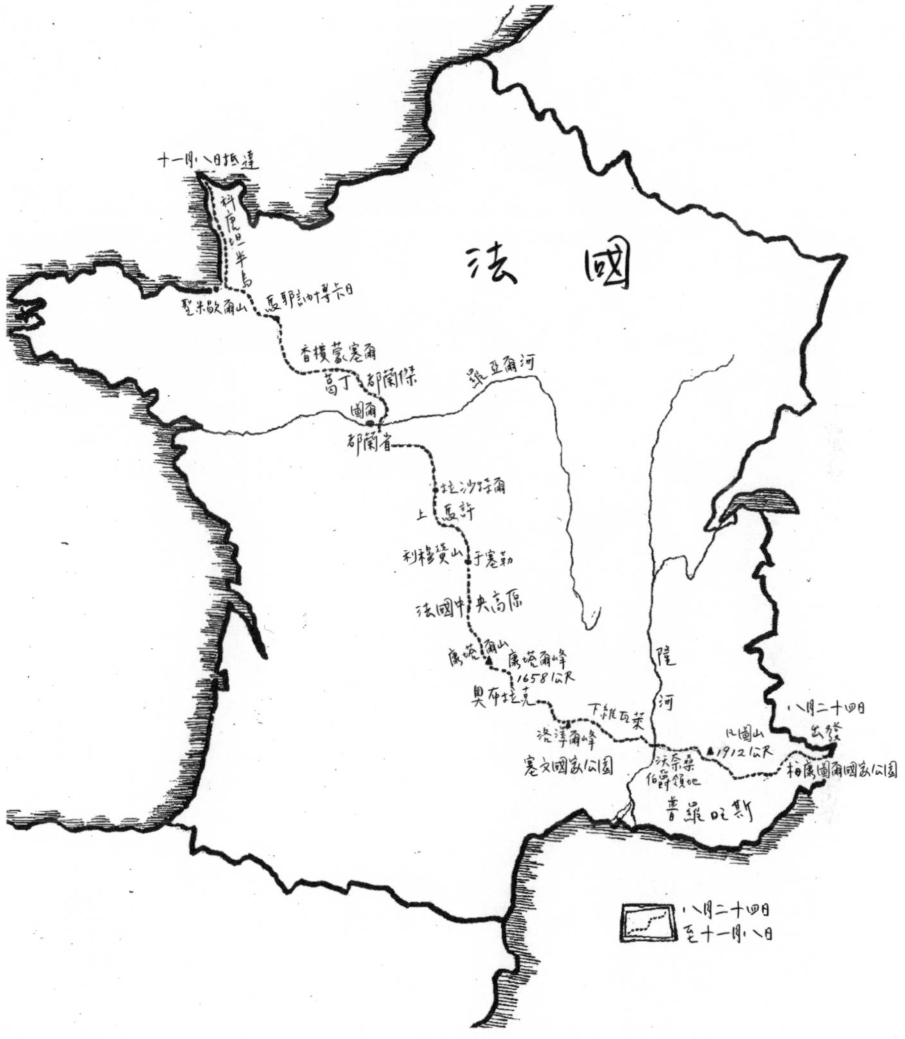
法國
十一月八日抵達
科唐坦半島
聖米歇爾山
香檳蒙塞爾
圖爾
都蘭省
羅亞爾河
拉沙特爾
利穆贊山
于塞勒
法國中央高原
康塔爾山
康塔爾峰
1658公尺
奧布拉克
下維瓦萊
洛澤爾峰
塞文國家公園
隆河
沃奈桑
伯爵領地
普羅旺斯
1912公尺
梅康圖爾國家公園
八月二十四日
出發
八月二十四日
至十一月八日

我的徒步行程

目次

我要離開。
今天就得忘記舊時的哀傷，
因為空氣如此清新，山巒如此之高。
森林靜謐地一如墓園。
這會解我的熱，
此後，我不再痛苦。
——湯瑪士・德昆西[1]《一位英國鴉片吸食者的告白》

1 Thomas de Quincey，一七八五～一八五九，英國散文家。此作為其最著名的作品。

前言

AVANT-PROPOS

這年不好過。長久以來，諸神始終眷顧著我家，我們沉浸在祂們的恩澤中。說不定祂們像童話仙子般照料著我們其中的幾個人吧？接著，微笑轉變成鬼臉。

我們對這些一無所知，自顧自地，漫不經心享用命運賜予的和善。這種隨興使我們忘了最微薄的感激，但也將我們圈禁在讓人筋疲力盡的輕浮中。生活像一幅博納爾[2]的畫。陽光灑在白色的外套上，桌巾上放著水果盤，敞開的窗外，孩子剛穿過果園。戶外的蘋果樹枝窸窣作響：正是痛下重手的絕佳時刻。

重擊很快就來到。我的姊妹、外甥們，全受到中世紀寓言中滲入城牆的邪惡所影響：黑影竄入巷弄直奔小鎮中心，抵達城堡的主樓。瘟疫正在蔓延。

我母親的過世，和她在世時一樣讓我們失望。而我呢，我喝多了，爬到屋頂上耍猴戲摔了下來。我在黑夜的邊緣墜落，重砸在地面。要跌斷肋骨、脊椎和頭骨，只需要八

2 Pierre Bonard，法國後印象派創始畫家，畫作中經常呈現溫馨的家庭場景。

公尺的高度。我摔在一身骨頭上。這一摔，讓我懊悔了好久，因為在摔下來以前，這身骨肉還容許我在燠熱的氣溫下過日子。對我來說，有尊嚴的生活就像是西伯利亞貨車的儀表板：所有警示都亮著紅燈，但偌大的車身繼續上路，而預言師以愚蠢的手勢在路上揮舞雙臂，宣告災難結束。**身體健康**？身體健康導致災難，那八公尺讓我老了五十歲。

我得到很好的照料，回到了人世。就算死去，我也不可能有幸在天上見到我的母親。自從智人演變成現代人類，地球上已經誕生了上千億人。我們真的相信自己能在擠滿小天使的白蟻窩裡找到親近的人？

醫院裡，一切都對我展露出笑容。法國健保制度有極其出色的特點，絕對不會讓你承擔責任。在一個講究倫理的古代社會，人們不會像照顧真正有需要的人那樣照顧醉鬼。沒有人指責我，他們反而拯救了我。最先進的藥物，護理師的照顧，親朋好友的愛，以及維庸[3]的詩療癒了我。特別是，有個每天來到我床邊、滿心聖潔之人，彷彿我值得動物般的忠誠。窗邊一棵樹將它生氣盎然的喜悅注入了我的內心。四個月後我終於出院，跛腳瘸腿，渾身疼痛，身上流著別人的血，頭骨凹陷，腸胃無力，肺部都是傷，脊椎打了好幾根螺絲，臉孔還變形。生命不再像從前那麼歡樂。

在那些惡夜裡，我立下誓言，該是實踐的時候了。被束縛在病床上時，我幾乎是拉高聲音對自己說：「要是我過得了這關，我要徒步穿越法國。」我看到自己踏在碎石步徑上！我夢想著露營地，想像自己以流浪者的腳步踏過草地。然而，病房門一開，夢想就破碎了：又是吃果泥的時刻。

一位醫師告訴我：「明年夏天，您可以住進復健中心。」我寧可問跑步機可以帶給我什麼：力量。

隔年夏天來臨，該是我和運氣算帳的時刻。藉由走路、做夢，我要喚醒自己對母親的回憶。倘若我在步道上連續踩踏好幾個月，她的靈魂就會出現。但不是哪條路都可

3 François Villon，法國中世紀末抒情詩人。

以，我要走的是隱密、圍繞著樹籬，必須披荊斬棘、穿過廢棄村落的小路。只要攤開地圖，只要能夠接受曲折彎拐或得強行通過的路徑，你還是能找到罕有人跡之地。遠離大馬路，你必能找到一個不受喧囂、**人工造景**及不知名汙染所影響的蓊鬱法國，一片長滿山梨樹，看得見倉鴞的鄉景。醫師們的政治術語是建議我「復健」。自我復健？這得從走向戶外開始。

我可以舉出十來個走入偏鄉的動機。比方說，告訴自己我花了二十年在蒙古首都烏蘭巴托和智利首府瓦爾帕萊索之間遊歷，當我可以前往國內的安德爾－羅亞爾省時，反而去了烏茲別克的撒馬爾罕。但我將這次避入鄉野的真正原因寫在皺成一團的紙上，放進背包深處。

一　糟糕的開始

MAUVAIS DÉBUT

在火車上

高速列車為什麼要保持這個速度？高速旅行有什麼用？真荒謬，風景以每小時三百公里的速度飛掠，然後我得花好幾個月徒步北上！當速度追著景色跑時，我想著我愛的人，比起表達我的情感，我更善於思念他們。事實上，我寧願思念他們，而不是和他們頻繁往來。明明思念可以讓人們如此接近，這些親朋好友卻老是希望「大家碰個面」，彷彿那是個必須履行的責任。

八月二十四日，義大利邊境

從尼斯搭火車到唐德車站後，今天是我第一天的徒步行程。我踩著虛弱的腳步走向山坳。淡金色的小草隨著晚風擺動，善意展現初見面的姿態，美得無瑕。經過悲慘的幾個月，即使是陽光下的蚊蟲看來也如同好兆頭。在帶著涼意的金黃色光線下，成群飛舞的小蟲彷彿在向孤獨示意；看來宛如字跡。也許它們正在對我們說「停止你們對自然的全面戰爭」？

路邊矗立著森然的雪松，樹根緊緊攀附住坡地——雪松看似確信自己的位置。一名牧羊人踩著比我穩健的腳步出現在轉彎處，他面容乾枯，仿如紀沃諾[4]筆下的人物。他是在地人。而我呢，我一向是異鄉人。

「你好，你要進城嗎？」我問道。

「沒有。」他說。

「上頭有羊群嗎？」我再問。

「沒有。」

「你下來休息？」

「不是。」

看來，我日後得改掉都市人逢人就搭訕的習慣。

唐德的山坳，是梅康圖爾稜線的鞍部，義大利隔著這裡和法國相鄰。我計畫從這裡——法國的東南角——出發，走向科唐坦半島北部。傳統上，俄羅斯人出發旅行前，會在椅子、行李箱或最先入眼的石頭上稍坐幾秒。他們會放空，會想想留在身後的人，擔心瓦斯是否關了、屍體有沒有藏好——我還知道什麼？於是我像老俄那樣坐下來，背抵著木製小聖壇——聖壇裡的聖母望著義大利的風光冥思。接著，我倏然起身離開。

在山坡上，受損的視力讓我將母牛看成滾下斜坡的大圓石。松木林立的山脊讓我想起從前看過的山，那是二十年前了，襯著藍天，中國雲南的山峰在地平線上畫出鋸齒般的線條。但我連忙將回憶驅向夕陽。這紊亂的比較會妨礙我的思維。

4 Jean Giono，一八九五～一九七〇，二十世紀法國鄉土文學作家、農民詩人。

我難道沒發過誓，要在佩索亞[5]的《異教徒之詩》指揮下度過幾個月嗎：

見植物，我說「是植物」，
見我，我說「是我」。
其他的我不多說。
還有什麼好說的呢？

哦，我懷疑心神不寧的佩索亞可能從未忠誠對待自己的規畫。你要我怎麼相信這個世界成功地讓他心滿意足？他寫下此等宣言，然後花了一輩子背叛自己的理論。在接下來幾星期的徒步旅程，我要嘗試以不帶任何分析面紗、不經記憶過濾的清透目光來觀察事物。到目前為止，我學會了將自然和眾生當作記錄印象的頁面。現在我迫切要學習的，是不呼喊斯達爾夫人[6]即能召喚陽光，不提及賀德林[7]就能召喚風，不必望見杯底的福斯塔夫[8]也能飲下冰涼的葡萄酒。總之，活得像狗一樣，牠們啜飲和平，吐著舌頭，給人的印象是牠們要吞下藍天、森林、大海甚或落下的夜幕。當然了，此舉必將失敗。你不可能改變歐洲人。

到了海拔兩千公尺處，我在一處水泥碉堡附近發現整片濃密的草地。我生了一堆火。木柴仍然潮溼，我努力吹起小火，吹得我凹陷的腦袋暈眩起來。高溫驅走了大蜘蛛，牠們不再讓我害怕，我看到不少蜘蛛四處逃竄，離開我周遭。黑夜吐出陣陣溼氣，營帳幾乎保護不了我。我感到害怕，這是我從屋頂跌下後首次在戶外過夜。土地再一次接納

5 Fernando Pessoa，一八八八～一九三五，葡萄牙詩人、作家。評論家譽為與聶魯達齊名二十世紀最具代表性詩人。
6 Germaine de Staël，一七六六～一八一七，法國浪漫文學早期代表小說家。
7 Friedrich Hölderlin，一七七〇～一八四三，德國浪漫派詩人。
8 John Falstaff，喜劇角色，最早出現在莎士比亞的《亨利四世》，身型臃腫，貪好享受。

我——這回溫和許多。我回到了自己鍾愛的花園：星空下的森林。空氣清涼，地面凹凸不平，地勢是斜坡，一切看似美好。只要我們珍惜戶外的夜晚並且寄予期望，就能將這些覆蓋掉忙碌白日的夜晚高掛在征服清單上。這樣的夜晚免除了上方的遮蓋，釋放了夢想。我聽不見歐洲城市的喧鬧聲，只有空氣！空氣！一年前，在病床上，我做夢也想著要躺在松林下。如今露營時光又到了。

八月二十五日，魯瓦亞河谷

昨晚很奇怪。約莫在十一點出現。先是兩、三百公尺外的第一聲槍響，接著是第二聲。槍聲並沒有停止，每隔一分鐘就響一次，有時甚至縮短到三十秒。是誰在夜裡開槍？某個氣惱黑暗的瘋狂隱士？

踏出這段行程的第一步時，我心想，倘若我成功穿越法國，那麼我就會得到救贖。要是我辦不到，我會將失敗歸因於另一次摔落。痊癒的願景好遙遠！和科唐坦半島一樣遠！我將救贖寄託在行動上。

早上，我在一處凹地看到一名牧羊女。這個女人身材健壯，雙頰像法蘭德斯地區[9]的人那樣紅潤，裸著胳膊忙活著。她就像是從老布勒哲爾[10]的畫中走出來、剛擠完牛奶的女人。

「昨晚我聽到好幾聲槍響。」我說。

「那是驅狼的機器聲。碰！碰！」她模仿槍聲。

「啊？」

「你要什麼？」她問道。

9 大致對應荷蘭南部及比利時荷語區。

10 Pieter Bruegel the Elder，一五二五～一五六九，文藝復興時期畫家，以風景及農家景色的畫作聞名。

「有什麼就拿什麼。」
「牛奶乳酪，乾的。」
「我買三百公克。嚇到狼了嗎？」
「天曉得。三塊歐元。」

事情還是出了錯。人類不停繁衍，侵入世界，在土地上鋪水泥，占據山谷，住平原，殺害神祇，屠殺野生動物。他們放任好幾個世代的孩子、一群群經過基因改造的食草牲畜在大片土地上活動。三十年前的某一天，一頭狼穿過義大利的阿布魯佐區回到梅康圖爾國家公園。有些人決心護狼。這讓牧羊人十分氣憤，原因是他們必須因此守夜。他們抱怨：「狼的朋友在城市的被窩裡睡得很溫暖。」而現在呢，他們在高山草地區設置模仿槍聲的機器，來保護羊群免於受到返鄉的狼傷害。假如我是狼，我會告訴自己：「說什麼進步？不過是一場鬧劇。」

二月二十六日，離開梅康圖爾

夜色降臨，而我還拖拖拉拉的。到目前為止，這段旅程進展不大。三天的碎石地經驗幾乎要折斷我的背。我心想：「拖著這副殘破身軀走到荒蕪的北方有什麼意義？」我盯著兩頭羚羊的雙眼，母羚羊帶著小羚羊站在一片亂石之間。我們之中很多人嫉妒動物嗎?岩石後的小羚羊撞到我的腿。牠猶豫了一、兩秒。十八世紀的維京群島，野生動物曾經湊到首批拓墾者的手邊吃食，牠們的下場，是遭到長槍射擊，這是與人類初相逢的賀禮。小羚羊最終還是聽從了對牠有益的禁制令，迅速轉身離開，知道我不是值得來往的對象。

路程中，我看到青苔間一道傾瀉而下的瀑布，繞過碧綠的湖水，爬上斜坡。我穿過被史前生靈放棄的貝戈山，在斜坡上讀了《漂泊的靈魂》[11]，卡納普的故事讓我十分沮喪。赫曼・赫塞[12]讓他的書中主角在秋日和煦的德國鄉間流浪。沒錯，好傢伙卡納普最後孤獨死去，但至少，在他為自己的美學和不負責任付出昂貴的代價前，他將遊蕩人生的尊貴價值展現在村民面前。若我想本著善意、踩著夢幻的腳步前行，我需要的環境必須有林中小徑，偶爾有旅宿和酒館，好讓我坐在木桌邊啜飲冰涼又浮著泡沫的啤酒。

哥倫布山的山谷間有座佛耐斯特聖母小教堂。在法國，有洞穴或湧泉的地方就看得到聖母瑪利亞。起伏地貌上的奇特地點都被聖母瑪利亞所壟斷。我甚至知道南部卡奈爾岬的坡面上有間「斷崖聖母堂」。這是天主教信仰接管從前異教信仰的手法，是不與當地特色交惡的方式。

我躲進小教堂陰暗的拱頂下喝點水。教堂內部的牆上掛著獲救登山者的還願物。救他們一命的是登山繩，但他們樂於相信是老天爺給的幫助。教堂入口左側有個剛立起不久的石碑，紀念赫維．古荷戴爾[13]，這位登山嚮導來自韋敘比河流域[14]，去年在卡拜爾遭到瘋狂的回教徒斬首。當時我躺在病床上，不停想著他的殉難。我想像這位登山家在可蘭經的信眾前戴著鐐銬，頭上罩著布袋。那時，我已經對古荷戴爾心生某種情誼。今晚，這段回憶再次湧現。

教堂的一處柱子上有塊石碑，記載聖殿騎士遭到斬首的往事。那是撒拉森人[15]下的手嗎？十世紀時，他們蹂躪了普羅旺斯，也摧毀曾經位在這相同地點的教堂。

今晚，裹住身子後，我會趁思緒轉入夢境前向古荷戴爾打個招呼。一頭別有所思的母牛在夜幕下的牧場裡嗚嗚著自己的安魂曲。

11 *Knulp*，赫曼・赫塞於一九一五年出版的小說，描寫流浪漢卡納普一生中的三個時期。

12 Hermann Hesse，一八七七～一九六二，小說家、詩人兼畫家，一九四六年獲得諾貝爾文學獎，二十世紀最偉大的文學家之一。

13 Hervé Gourdel，二〇一四年於阿爾及利亞登山時，遭當地武裝組織「哈里發戰士旅」綁架後遭斬首。

14 源自梅康圖爾國家公園。

15 指十字軍時代的伊斯蘭教徒。

二　廢墟與荊棘

DE RUINES ET DE RONCES

八月二十七日，韋敘比河和蒂內埃河

我經過綿延的山谷，路過一處處村落。普羅旺斯的石灰岩小徑上滿是滾動的小圓石。來到聖達爾馬斯的這天晚上，我感覺到打在背上的鋼釘嘎吱作響時，看到一座小屋。哦，我多麼希望自己還活在能夠簡單對話的年代：

「請問你們可以供我遮風蔽雨的屋頂和睡覺的草席嗎？」

「你能夠幫我們曬乾草，就給你麵包和酒。」

但是要夢想這樣的對話，真的得遇到嚴重的狀況。如今已不是卡納普的年代了。留著一頭棕色長髮的婦人站在門口對我說：「我們很樂意收取山屋的費用讓你住宿，但問題是我們沒有官方許可。」接下來幾個月我必須保持機伶，才能閃避當地遵守的官方法令。在這一帶，我還能找到不受政治管束的自由交易地區嗎？

從前法蘭西第五共和時代的一位總理（尚－馬克・艾侯[16]在所謂的阿納托爾・法朗

士[17]時期）執政時，曾經要求一份法國鄉村發展報告。這份報告在另一位總理（曼努埃・瓦爾斯[18]在所謂的奧芬巴哈[19]時期）就任後以《偏鄉》的標題出版。根據專家們——也就是一群無法確定手上資料是否正確的人士——判斷，法國有三十多個行省屬於「偏鄉」。對他們來說，「鄉村」不是恩典而是詛咒；報告中遺憾地指出這些地區發展落後，數位化程度不足，交通網絡不便，不夠都市化，剝奪了大型企業與行政單位聯繫的機會。我們這些浪漫的可憐笨蛋眼中、通往人間天堂的鑰匙——荒野、保留區和與世隔絕——在報告裡被視作開發不足的項目。

為了安撫人心，這份報告的幾名作者本著預言家似的信心表示：「鄉下的同胞們鼓起勇氣！我們馬上就到了。」多虧了國家，荒地馬上要邁入現代化，無線網路會提升鄉巴佬的水準。未來的福樓拜[20]不會寫《越過田野越過海濱》[21]，而是《穿越「優先都市化地區」越過「積極開發地區」》。這些國土開發計畫的受益者日後會是優秀的士兵，是可以被取代的人，而且免於受到報告中所謂「激進投票」的影響。因為這背後藏著一個動機：確保這群教人無法忍受的鄉下人心理一致。

在報告的一系列內容中，我們讀到諸如「有效實驗的永久權利」以及「校正現代化暨鼓勵嶄新合約聯盟」之必要性。這是哪國語言？寫出這種句子的作者吃什麼維生？他們懂得在喝了薩伏依地區的酒後，拉起外套領子擦嘴的享受嗎？知道躺在草地上望著鳥影掠過天際的樂趣嗎？

這份報告附了地圖。政府準備協助起飛的「偏鄉」行省（據這些吟遊詩人的說法，

16 Jean-Marc Ayrault，於二〇一二至一四年擔任法國總理。

17 Anatole France，一八四四～一九二四，法國小說家，一九二一年諾貝爾文學獎得主。小說中經常表現出對社會不公的憤慨。

18 Manuel Valls，於二〇一四至一六年擔任法國總理。

19 Jacques Offenbach，一八一九～一八八〇，德裔法國作曲家，作品以輕歌劇為主，通俗易懂。

20 Gustave Flaubert，十九世紀法國小說家，著有《包法利夫人》等名作。

21 *Par les champs et par les grèves*，福樓拜與作家好友杜坎（Maxime du Camp）合著作品。

是以國家智慧服務偏鄉」）占據了一大片黑色區域。這片區域覆蓋著南阿爾卑斯山，往佛日山脈和亞丁省延伸，中央山地幾乎完全囊括在內，還包括上羅亞爾省和鄰近幾個省分。幾個星期後我才知道，從梅康圖爾到洛澤爾峰這片區域正是狼回到法國後的路徑。這頭野獸不笨！對牠而言，安寧為一切美德之首。牠不只不攻擊，還避開人類。

在醫院裡，受困在猶如刑椅的病床上，看著地圖想像這條路徑並非難事。赫拉克利特[22]在《殘篇》第一、二、三篇中提到「大自然喜歡躲藏」。這話保有他一貫的隱晦。一如喜愛未完成的生命，我特別鍾愛幽僻的角落。「偏鄉」是我的機會。我拿出報告中一張地圖緊貼胸口放好，而別人放的是未婚妻的照片。這張地圖承諾了逃離。我的行程不會緊貼著偏鄉路線前進。通過中央山地後，我將轉向東北方的芒什省，停在陸地接向海洋的拉阿格的懸崖。到了那裡，人只能回頭或一躍而下。我一向認為懸崖是美麗的邊界。

我回顧這次的旅行，我有我的目標：尋找荒地和休耕地。我手上有行程表和來自國家報告的地圖。我知道自己要怎麼移動，步行好比萬靈丹，是我重新站起來的成功之鑰。

簡言之，我從來沒這麼仔細安排過我的行程。

位居山脊的瑪麗村，坐落高處俯瞰蒂內埃河。我母親的名字就叫做瑪麗，我喜歡這麼想：她的靈魂曾經在這裡停留。

洗衣池畔有個老婦人。她的水中倒影正凝視著時間的摧殘嗎？

「我是迪迪特，我八十歲。我生在這裡，住在這裡，而且會留下來。」

我沒告訴她，政府的一份報告中提到了**機動**、**連結而且現代**化的法國。「再會了，迪迪特！」那些管理政府、高等學府出身的官員這麼說。

我沿著盤據在蒂內埃河右岸的小路往下走到瓦爾河。這條古道從前是給驢子走的，由尼斯通往巴瑟洛內特。現在已經看不到驢子的蹤影了，只剩下一群人的靈魂和影子，

22 Héraclite，古希臘哲學家。

他們花了一個世紀贏得谷地，在身後留下一片荊棘。

稍遠一點的克朗斯正在舉辦節慶，廣場上撐起好幾頂帳篷，人聲鼎沸。村民辦的是「星際大戰日」，而不是喝了茴香酒後扯著嗓門邊唱歌邊吃牧羊女豆腐。我滿想看看男士們扮成黑武士達斯．維達在梧桐樹下打鬧。但後來我落荒而逃，因為我從義大利步行到蒂內埃河，不是為了參加機器人遊行。通往河邊的小徑蜿蜒曲折，在斜坡上描繪出歡樂的閃光圖樣。在普羅旺斯，小徑看起來一如竄逃的蛇。

八月三十日，瓦爾河上游河谷

我在正午時分涉水過瓦爾河，河水深及我的腰際。我尋找面前的灌木叢中是否有可以讓我往高處走的小路，卻在不見任何空地的斜坡上迷了路。我發現了一條獸徑，這條小徑既不起眼又隱密，是所有路徑中規模最小、人類最不可能踏上的路徑。矮樹叢又掩了起來，我再次回到布滿卵石的河岸。在大熱天裡步行十小時後，到這天晚上為止，我總共走了十二公里。我對於苦行的熱中究竟從何而來？或許是結束後帶來的快感吧。

當焦慮湧現，我彷彿又看到從前的自己，那個一年前在醫院裡不同科別轉出轉進，一具破碎、插滿管子的軀體。接著，我回想初次獨自踏出病房，一步步朝走廊盡頭而去的震撼經驗；當時我感覺自己就像是穿過惠伯走道，攀登上維爾特峰一樣。黑暗的想法隨之消失。俄羅斯醉漢乾杯時會說：「明天會比今天更糟。」很長一段時間，我也秉持著這個想法。直到從屋頂摔落，我的思考方式恰好相反，我覺得一切都會好轉。

眼前，我正在一片金雀花盛開的斜坡上奮鬥。穿越荒地給了我失蹤的機會，這是個高尚的幻想。我在矮樹間摸索出路，沿著溝壑前進，在沙洲上漫步，逃避一切。

我那一摔，將我釘在眾人的目光之下。朋友、醫師、親人、行政單位、專家——每個人、每個單位都慷慨地自願監管我；還有一名成癮戒治師協助我重回人生正軌。和他在一起，我覺得自己彷彿回到了一切受到禁止的年代（禁止我依循自己的盤算活得那般愚蠢）。我向他道謝，但也解釋我擔心紀律上癮。出院後，普遍性的監管更加嚴格。我們的日常生活暴露在螢幕前，簡化成數據，在網絡渠道裡凍乾，縮進塑膠卡片的晶片中。我們生下來，難道是為了提供檔案資料嗎？

在瓦爾河谷的荊棘中掙扎找路確實會劃傷雙腿，但這給了我機會：脫離檢視軀體的光電設備。眾人的目光不再專注在我身上。逃離有兩個好處：治療和遺忘。

僅僅毫釐之差，若我摔成了肢障人士，這些恩典便會遭到剝奪。天主教徒深信磨難是上天的恩賜，我不這麼想，我只會從中得到傷害。坐在輪椅上的生活，只會讓我找來一把手槍塞進自己的嘴裡。既然我得以重新使用雙腿，我不能絕望。恢復行動自由後，只要旁人稍有要求或召喚——或更糟的，譬如電話鈴響——我都有逃跑的權力。貝爾納諾斯[23]在《法國人，如果你們知道……》一開頭便憑直覺寫道：「世上的自由所剩不多，大家都知道，但我們仍有廣大的空間。」

空間！空間提供自己的內在給願意跪著看地圖、有能力和地圖溝通的人。在這一帶的石灰岩山脊上，以及稍遠的花崗岩塊上，我強迫自己打開國家地理研究所出版的地圖。這些政府單位的地圖讓人讚嘆，擁有如此詳盡的地圖真是值得高興。目前我背包裡有十份，足夠我一路規畫到凡圖山的路程。地圖裡詳盡指出城市中不知名的小徑、不為人知的出入口，或是可以讓人消失的後梯。看著兩萬五千分之一的縮小比例圖，我無法不自問哪些人正在我指尖那些荒僻小徑的盡頭、在髮夾彎劃過的斜坡上步行。是誰住在沼澤地中央的房子裡？是食人巨妖？是非法移民？還是昔日的舞蹈家？這張地圖是我們夢寐以求的通行證。

這些有星字號或特別標示的路線是鄉村小路、地籍劃定的田園道路、森林巡守用的出入口、林邊據點、經年失修的小路，有時是私人土地，大部分則是動物往來之用。整

23 Georges Bernanos，一八八八～一九四八，法國作家，為虔誠的天主教徒。

張地圖上滿是大大小小的分支。這些是我的黑暗道路。這些道路開枝散葉般往外延伸，為眾人遺忘，一片寂靜；在這些路上你不會遇見任何人，有時，你一路過，矮樹叢便又合攏了。有些人希望留名青史，我們則寧願消失在地理中。

黑暗道路是祕密通道，描繪著徒步法國的記憶，以及往昔農村時代的連通道路。這些小徑不屬於「郊遊踏青」的路徑，運動健將和地方選舉當選人會在小徑上設置路標。即使在極小聚落的周遭，兩萬五千分之一的縮小比例地圖上也會標示出入口：比方高地、不起眼的斜坡和小巷弄。到處可見殘餘的陰影。小徑直直延伸入市區中心。倘若狐狸和雪貂能藉由溝渠和碉堡外牆進入歐洲市中心，我們也可以在無形的線上保持平衡。取道這些連結起來的小徑會減慢我前進的速度，但這麼做也有好處：不必經過城市外環道路，避開滾燙的柏油路。

一九八〇年代，普羅旺斯作家赫內．佛瑞尼出版了一本小說，書中描寫軍方在歐洲道路上追捕一名逃兵。這本書彷彿帶著電，書名《黑暗的道路》也十分聳動。打從一開始，我便努力地想在國家地理研究所的地圖上畫出一條不為人知的蜿蜒路徑。我雖不是逃兵，卻覺得這些小徑上吹拂著自由的空氣。我的第一個測驗，是在地圖上小如麵包屑的鄉鎮間找出這樣一條路。這場丈量土地的練習比我想像的難，我必須花時間詳盡計畫，才畫得出路線。真是苦了我的雙眼。

我念念不忘一個夢想。我想像發起一場名為「黑暗道路兄弟會」的運動。光是規畫路徑還滿足不了我們，黑暗道路同時界定出我們藉以脫離這個時代的精神路線。一條條路徑畫在地圖上、盤桓在地上，由我們體內往外延伸，架構出一幅巧妙迴避的精神地圖。這麼做並非蔑視世界，也不是莽撞地想改變它。都不是！只需要與世界沒有共同之處就足夠了。我覺得迴避結合了力量與優雅，對我而言，安排退避是迫在眉睫的舉動。從人生退避、躲藏的規則簡化成瑣碎要求，比方不畏懼現實的衝擊，壓抑怒火，選擇自己的武器、品味和好惡，置身於書牆、樹籬、朋友的桌後，思念死者，為親友所環繞，幫助那些我們看過面孔而不僅僅是統計數字的人。總之，轉個身吧。更好的作法是：消失！

古希臘哲學家伊比鳩魯曾經說：「隱匿你的人生」（這話碰巧不怎麼成功，因為我們在他死後兩千年還記得他）。這是他給黑暗道路的座右銘。

這些小徑上將湧入大隊人馬，因為對虛擬幻境過敏的人太多。這個時代的要求讓我們身心俱疲：好好享受！保重！平安！保持聯絡！城市的浮誇閃爍讓我們反胃。當我們以鞋跟踩碎高科技人生的灰白螢幕，黑暗道路——穿越種種裝備的一束隧道微光——便會自動出現。這一切不是政治方案，而是帶你離開的邀請函。我覺得生活猶如「逃避」的同義字。拿破崙渡過別列津納河[24]後，在回巴黎的火車上對考蘭庫爾將軍說：「世上有兩種人，一種指揮，另一種服從。」在我的帝國狂熱時期——當時我連洗澡都要戴上拿破崙雙角帽——我覺得這句話極具說服力。但今天，我在瓦爾河的沙洲上擰襪子，我認為皇帝忘了第三種人：逃避的人。假如我認識他，我會對他說：「陛下，逃避就是指揮！至少指揮命運不得束縛您。」

明天，通過昂特沃後，我會爬上高原。在上頭，一切會很順利。我必須停留在起伏地勢的高處。在稜線上更好；我可以輕盈地前進，天空友善親切，但前進時就算只是稍微失去平衡，也會像一道無法癒合的傷口。

夜裡，我再次渡過瓦爾河，但這次我過橋。我看到這座橋在「二〇〇六年由EXXX先生揭幕」。這又是黑暗道路上另一件高尚之舉：沒有人會留下自己的姓名。

八月三十一日，途經韋爾東

我來到了可以大口呼吸、大步走路的高度。我花了三天，穿過瓦爾河和韋爾東河之

24 Berezina River，位於白俄羅斯境內的河流。

間像罹患了厭食症的平緩山丘，來到瓦倫索高原。

我路過卡斯泰朗，朝幕斯提耶的方向走去，到了晚上，我在選定的樹下——通常是冬青或松樹——紮營。大樹提供我遮蔭和陪伴，必要時還可以當雨傘。因為我的脊椎打了釘子，所以我必須側躺。我的充氣床墊稍微緩解了疼痛，但一與地面接觸，我就想念起醫院裡舒適的病床。我躺了很久仍然無法入睡，樹枝在顫抖，但不是出自恐懼。那是不安的顫動，樹枝彷彿因為拉長的黑影焦慮，更擔心太陽是否會再次升起。我回想起亞特拉斯山脈北非柏柏人的土地。在阿拉伯人將他們逼上山區後，柏柏人發明了華麗的詞藻來區分游牧民族和定居者，稱前者為「光明之子」。他們的皮膚因為日曬而日漸變深，因為風吹而粗糙，他們以天為頂；稱後者為「陰影之子」，他們有屋頂遮蔽，噩夢永遠困在屋內。我在樹蔭下度過的，是充滿陽光的夜晚。

露營起床後，照在身上的陽光好比洗熱水澡的前幾秒一樣舒服。幾個世紀以來的放牧，牲口將原本覆蓋高地的草地啃得東禿一塊西禿一塊。幾個穿著Gore-tex防水外套的登山者從旁經過。遠處，除了輕風吹亂的霓虹色花瓣還有幾隻蚱猛，天上幾隻猛禽緩緩盤旋，像是要見證神祕的生命。這群胡兀鷲自有道理，牠們像塞吉歐．李昂尼[25]電影中的禿鷹一樣繪出光環，因為我們的世界近乎死寂。在牠們眼裡，那就是一具野牛的屍骨。

成群的蜥蜴蛇行前進，稍有警報，便竄逃到石頭縫裡。這些蜥蜴的祖先曾經主宰地球。在白堊紀末期突然滅絕前，蜥蜴類統治過生命。這面陰影下的小守衛是地球古老主人的繼承者。牠們神情焦慮，眼神嚴肅，姿態高傲，長著龍一般的脊背，似乎還記得過去。牠們縮在角落裡，心裡可能在想：「啊，六千五百萬年前，當我們統治地球的時候……」我們是不是也將經歷相同的命運？當前帶舞的是我們，我們掌控生命鍊、玩弄原子、改造基因、透過矽晶片增強虛擬現實，重新譜寫最早的詩篇。但未來呢？蜥蜴提醒著我們：強大不見得能夠持久。也許我們即將離開舞臺？到時候，我們當中

25 Sergio Leone，一九二九～一九八九，義大利導演、編劇、製片人。著名作品有西部片《鏢客》三部曲與《四海兄弟》等。

也許會有幾個人像這些鱗甲神祇的子孫一樣，體型退化，存活在陰影下，回憶輝煌燦爛的往日時光。

只要經過廢墟，我必會致意、參觀。那往往是指揮哨的遺跡，位於平原高處。指揮哨曾經掌管農村社會，但在戰後，人口大量移居山下，這地方只剩下枯草間的斷垣殘壁。這些遺跡很吸引人。每一道倒塌的牆面都值得駐足欣賞。這片寶貴的隱密區域如今交由桑椹來守護。一片寧靜的土地抵得上一整座王國。地理學家發明了一個絕佳的專有名詞，來形容普羅旺斯山區村莊走向廢棄的現象。他們稱之為「遷離高棲處」。這股熱潮始於第一次工業革命，接著是一九一四年農村人口流失，以及出現在二十世紀的全國工業化。第二次世界大戰後，石灰高原的人口急速流失。輝煌三十年[26]吸引了大批農民下山，走向平地。這當中有些人選擇了都市。當時的人們嚮往較輕鬆的日子和沒那麼多碎石的平坦道路。紀沃諾透過小說，想像出重生的村落，但實際狀況是村民猶如遭到敵人反撲的兵士般，早已遷離。山區走向現代化後，人們便像含水層一樣流失。而失憶的山谷甚至不記得山區也曾響徹生命的聲音。我能夠想像眼前的斜坡上一度聽得到驢子的叫聲嗎?過去的一切沒有回音。在這五十年間，加速發展又過度膨脹的人類體系——例如城市、國家、社會、企業——在山谷地區譜出新的篇章。「體積」和「速度」成了二十一世紀的新基礎。焦慮和過重從來不是好事。但值得安慰的是，倘若你認為流動是生命的唯一法則、歷史沒有任何意義，而我們搭上了無法踩煞車或改變路線的幽靈列車，你可以透過小徑找到出路。你只需要再次上路，難得遇見動物時，向牠們打聲招呼就好。

於是，我靜靜漫步，從倒塌的畜棚走到廢棄的農莊，穿過植被掩沒的小徑。若有人要寫一本關於普羅旺斯山區的厚厚著作，書名可以命名為《廢墟與荊棘》。沒有人會在茅屋裡哭泣，因為大家都離開了。

我躺在草地上凝視石灰岩層。地圖上標注著，昔日這片農地叫做莫海爾。起伏波動

26 Les Trente Glorieuses，指二戰後，法國自一九四五年至七五年的蓬勃發展。

的岩層彷彿在抽搐。這景色絕不奇怪，我在全世界都看過，只不過，有時看起來像是喝醉了酒。石灰岩層受到層層的壓擠而錯亂。對景色而言，地質構造宛如鴉片。

在高原上，我品嚐到無酒而醉的滋味。陽光像爐火，烘烤著暴露在地面的石灰岩。偌大的岩塊庇蔭著植物——這些生存專家是無名女英雄的花束。

我的力量恢復了，這是我快樂的泉源。痊癒的過程猶如植物生長，健康像植物纖維般發芽、蔓生，散入我的體內。我要注意的，是讓我的健康隨著愉快的步伐適度展開。重新上路的日常帶給我低強度的快樂，雖然不特別精采，但我得以探索往日山中生活留下的痕跡，欣賞凹陷地形的美麗裂口，走過南法典型屋舍和羅馬禮拜堂。一隻夜鷹在我面前翱翔，這是永恆的景象。當金黃色的草地上出現一株值得我致意的橡樹，我會拿出筆記本寫下幾行字，留下這幕影像；而橡樹會拍動樹枝回應我。步行好比釣魚，幾個鐘頭流逝後，驀然察覺動靜：魚上鉤了嗎？我釣到的是想法！夜裡睡去時，眼皮後浮現的是神燈。這是簡化的生活嗎？是的。但這是最單純的簡化。也許還是最美的。我面對的挑戰，是在這溫和的壓力下持續走路。

介於我和世界之間的是溫和的空氣，幾陣風，凌亂的草和動物的影子。沒有螢幕！沒有資訊、苦澀，沒有憤怒。我的撤退戰略，將它的青春散落在我全身上下。

借道黑暗道路，尋找荊棘後的空地，也是逃脫機器管束的方式。我的城市生活中透著惡性的強迫結夥傾向：令人冷汗直流的監控，出於懶惰而妥協的編組。儘管我極力抵抗，新科技仍侵入了我的人生。別搞錯，這些新科技不是簡化生活的單純創新，而是替代品。新科技提供的不是一連串讓人愉快的改革，反而會改變我們在地球上的存在。義大利哲學家喬治．阿甘本[27]在他充滿厭惡之情的書中寫道：「倘若以為人類能夠正當地使用它們，那未免太天真。」新科技重新塑造了人類的心靈，影響人類行為，並且接管了語言，在思想中注入阻滯劑。這些機器自有生命。這些機器代表著一場革命，與四百萬年前人類新皮質層的誕生同等重要。它們會讓物種進化嗎？會讓我們更自由、更討人喜歡嗎？透過螢幕觀看，生命變得更優雅了嗎？這可不一定。甚至，我們可能正逐步失去對自己生命的掌控權。阿甘本還提到：我們成為「人類歷史上前所未有、最溫馴服從的社會體」。踏上黑暗道路意喻著在城牆上打穿一道缺口。我沒有破壞分子的暴力，沒有煽動分子的自戀，我寧可逃避。坐在草地上，在小雪茄的菸圈裡，我至少具備忘記螢幕的能力，還能望著禿鷹在獅子草上方盤旋來自我催眠。

我在高原上度過最後一夜，從兩處山丘間的溪谷朝幕斯提耶走去。下山途中，梨樹林中一塊看板證明了政府多麼疼愛子民：「無法確保此路可否通行。」這話應該在嬰兒一出生時就告訴他們！到了幕斯提耶，在矗立於懸崖的昂特羅許小教堂的指使下，我喝了一大杯雙份黑咖啡，目光落在一份《普羅旺斯日報》上。唉！那些標題真讓人難過！我屠殺了伊拉克的拜日教徒，我摧毀了希臘神廟，我將石油卸在鯨魚神奇跳躍的藍色深海中。人類的行為太不可取。「演化」誕生了沒教養的生物，而世界正處在一團教人難以置信的混亂之中。幕斯提耶在胡奧．杜菲[28]筆下的晨曦間醒來，顯得輕薄短小。若說從這一團混亂的印象中只能得到一個教訓，那就是，一個地方的村莊是整個地球村的縮影。

「請問您有打火機嗎？」我問旁邊一名衣著講究、看似義大利人的男人。

「可以用打火機交換您的報紙嗎？」他問道。

「那您吃虧了，暴力占了上風。」我說。

「不，」他遞來打火機，又說：「暴力不會贏。」

「您沒讀報紙？」

「當然有！從前我們不會談暴力。我打過架。有個朋友在酒吧裡挨了一刀，我開著捷豹送他到醫院。他弄得我座椅上都是血，混蛋東西。」

27 Giorgio Agamben，義大利當代哲學家。引文來自Payot出版社於二〇〇七年出版的《何謂機器管束？》(*What Is an Apparatus?*)。

28 Raoul Dufy，一八七七～一九五三，法國畫家，早期受印象派影響，後期以野獸派風格著稱。

九月三日，在瓦倫索爾高原上

到了皮穆瓦松，我睡在洗衣場的影子下。淙淙流水聲最是助眠。我醒來時，眼前是一個攙扶著醉漢行走的婦人，也許要回他家吧。這一幕很迷人，深具俄國風情。

我取道瓦倫索爾高原前往呂爾山，在點綴著樹林和石砌小屋的精緻田野間走了好幾個小時。我向奧祕的高聳石灰岩壁道別，稍遠，在西北方的呂爾山上，我會和它們再見。我將要穿過這兩座高地間的薰衣草花園，獨自找點樂子。為此，只有一個解決方式，就是去騷擾動物。

夜晚的高原吹著風，這風擾人神經，散發著冒險的芬芳。

荊棘和灌木叢提供我每日所需：桑椹、梨子和無花果。流浪漢想裹腹不是難事，只要伸出手就好，這些果實從未被採擷，漂亮的黑黃雙色蜘蛛——金蛛——是最好的警衛。採集水果、糧食的年代過去了。首先，徒步的人已經不多；再者，雜貨店從中國整貨櫃進口的果醬價格低廉。當進出口能帶來你要的東西，又何必冒著雙手被刺破的危險？果子的汁液染藍了我的嘴，我心想，白白浪費這些灌木結出的果子，與石油每桶跌至不到三十美元之間，絕對有所關聯。在瓦倫索爾與奧賴松之間的馬諾斯克，我路過運河邊一處吉普賽人的營地，幾名戴頭巾的女人靜靜看著我，她們身邊的孩子們將拳頭塞在嘴裡。營地周邊灌木叢的果子摘得乾乾淨淨。吉普賽人懂得這些寶藏的價值。

我向女人們打招呼，但沒得到回應。吉普賽人在水邊紮營，我不禁對這群人心生敬佩。在二十一世紀的法國，他們還活在路肩地帶。說起在旅行者的大車裡喝蕁麻湯這回事，我斷然是不會拿生命中的任何事物來交換的。但他們在不屬於自身領域的藝術方面表現傑出的天賦。我希望這次徒步旅行能帶給自己的禮物，是在旅程中遇見僧侶、童軍、左翼分子、可憐的流浪漢、採果人、尋菇人，或是逃出醫院的精神病患者——甚或在散步的詩人，誰知道呢？總之，就是不受潮流影響且自主行動的同好團體。行動中的人們不在同溫層，但他們的互動能更頻繁會更好。他們必定擁有可彼此託付之處，而森林提供了這類聚會理想的地點。地理學家將林中小徑的交會點稱為「星點」。我們會在這些「星點」遇到什麼人？

世界變成了紫色。瓦倫索爾是種著薰衣草的高原嗎？不是，是武器場！一排排、一列列的軍人。馬來西亞種植密集的橡膠樹也同樣井然有序。這裡，農人的畫筆繪出光滑完美的圖，刷出來的壓克力原料帶來滿是盈餘的前景。土地鋪蓋著水泥澆灌後的化學產品，依照香水和蜂蜜的生產需求而量身訂作。對抗昆蟲的戰爭贏得全面勝利。人們贏得停車場般的寧靜，這片土地上不再出現任何嗡嗚聲。

而我呢，拎著巴黎人的愚蠢想法在藍色田溝中走動，讚嘆昆蟲。我的想法鐵定會惹得農人發笑，儘管化學藥劑——這些化學藥劑猶如對付昆蟲的汽油彈——已經噴灑了數十年，他們仍然擔心葉蟬的進擊。

九月四日，杜朗斯河右岸

我能成功跟隨黑暗道路的方位嗎？這是個挑戰，因為首先我必須抵達對角線的終點，才可能知道自己是否選對了路。我在運河的河堤上走了四小時，來到陰鬱的奧賴松。這個地名就像文字遊戲[29]，難道這是我的錯？房舍、車棚、外環道路，從猶如森林的路標中一一探出頭來，這裡是郊區的統治範圍。直至目前，為了避開這些地方，我始終隱身在樹叢裡。城市的入口認真標示著過去幾十年來它所承受的命運：「鄉村城市」。黑暗道路來到這裡遂成盡頭，機器管束開始。我承認自己輸了，走外環道路進入這個地區。

輝煌三十年孕育了嶄新的風景，地圖重新畫分，人與大地的對話也經過重新編排。十天下來，我在柏油路外圍曲折前進，體會著重新組構的痕跡。農村的諸多特徵中少了

29 Oaison 有祈禱之意，與喪禮一詞放在一起時為「喪禮演說」。

第一種。你可以在廢墟中、高原上找到它的回憶。牛羊圈禁在山谷中，踏青者占領了牧地，高山上的小徑不再是季節性的動物遷移之途，成了毒蛇盤據之地。這片廢棄的高山地上，徒餘黑暗道路穿梭其間。

第二種農村特徵仍然存在。這個特點緊咬不放，堅定不移，而且補助滿滿。如今還剩下多少以傳統方式耕作的農民？五十萬？他們努力勤奮，懂得堅持奮鬥。他們勤於耕作以奉養摩洛克[30]。瓦倫索爾的薰衣草、伯斯的小麥和養殖雞隻是現代化科技農業的成果。在一九六〇年代，歐洲經濟共同體委員會頒布法令，指出農業和其他企業一樣，無論是飼養乳牛或生產橡膠鞋底都要遵守相同的法令。共同的農業政策鼓勵農民提高產量。農民聽從不當的建議，擴大耕作面積，購買機器和來路不明的種子。產量上升，牛排價格下跌。這是化學反應，光榮得很，季斯卡[31]為他的法國做好了面對未來的準備。這種類型的農業帶來和鋪石廣場一樣的人工化景觀。樹籬、灌木叢、荒地、沼澤和坡地讓位給點綴著曳引車棚、帶來更大利潤的大草原。但這片繁榮景象倏然衰落。全球化打開了科學怪人般的市場。貨輪運來世界各地的廉價商品。布魯塞爾[32]不再揮霍無度。農人明白好日子結束了，他們又成了鄉巴佬。如今，農村就像個生病的老婦人，躺在法國這張床上。

第三種農村特徵緊接著上演。都市人發現沒有出路的人生比沒有暖氣的人生更為悲慘。這批新農村人計算過離開永恆該付出的代價後來到農村，回歸大戲由他們發揮想像力，自行編劇。一九七〇年代之後，他們為政治運動、經濟危機或最近的數位化所迫，返回鄉村，逆流而上，成了歷史上的鮭魚。這些人當中，有的滿足於翻修老屋，有些則負責接待客人，揀選同為農人的夥伴供應的材料烹煮「傳統佳餚」來招待客人。在這一帶，你還看得到英國人和比利時人，他們受夠了落在磚牆上的濛濛煙雨。這些人買下古

30 Moloch，上古神明。如今引伸為需要極大犧牲的人物或事業。
31 Giscard d'Estaing，一九七四至八一年的法國總統。
32 比利時首都，前歐洲經濟共同體（今歐盟）主要行政機構所在地。

老的養蠶場[33]，將百葉窗漆成紫色，自問怎麼會有人喜歡透納[34]勝過塞尚[35]。之前，我路過幾處村莊，那些地方就是要讓人對鄉村留下猶如博物館般的記憶。幕斯提耶、卡斯泰朗就像旅遊手冊上的村中，由觀光局經營。販賣橄欖油的商店旁邊是「馬里烏斯小館」，重機騎士會將哈雷機車停在梧桐樹下，在精心整修過卻空蕩蕩的教堂前小口啜飲著仿冒的苦艾酒。在布列塔尼亞，這就是所謂的「可麗餅和風笛」。在安德爾—羅亞爾省呢，風格就比較難定義了，因為這些地區必須更富獨特性，公關人員才有辦法搬出當地的象徵大打廣告。

農村還展現了第四種面向。五十年來，一隊後備人員挺身而出，拯救遭受惡劣對待的土地。一九六〇年代，部分打前鋒的農人開始拒絕將農業視為公開的戰爭。他們不希望採用美式的航空作業投入農耕。到了今天，約有七萬人加入所謂「有機農業」的行列。要取笑這些人很容易：他們採用古老的方式耕作，卻賦予「創新」之名，要不就是將高科技作法當作「傳統」方式。但他們的出發點很美好，成果可觀，而且這番努力也逐漸贏得了耕作面積：三萬座運作中的有機農場如今占全國耕地的百分之五。人們很容易分辨這類型的農村景觀：農田不像水泥板，牲畜也不像囚犯。

我穿越杜朗斯河上的一座橋離開奧賴松，穿過橄欖樹林往上走到呂爾村，在桑椹樹的陰影下，大口大口灌著摻了糖漿的水。醫學禁止我再碰酒精。過去幾年我一直在喝酒，讓一車車的回憶淹沒在伏特加的淺灘上。現在都結束了！神奇的酒精水龍頭關上了。濫飲讓我付出昂貴的代價。為了不讓自己喚醒惡魔，我必須忘記喝醉的美好，比方在腦海中迎接嘉年華慶典。而今晚呢，在普羅旺斯多彩的天空下，本來會是喝掉一壺當地葡萄酒的好時機，一小杯就足以讓我滿足。風景沒變，和從前一樣。杜朗斯河在下方流動。河岸傳來隆隆聲響，公路穿越其間，車棚點綴在上。對巴紐[36]的讀者來說，位在相對高

33 普羅旺斯曾是法國養蠶業中心。

34 William Turner，一七七五～一八五一，英國浪漫主義畫家，以風景見長。

35 Paul Cézanne，一八三九～一九〇六，法國畫家，風格介於印象派至立體畫派之間。

處的此地是個博物館級的村落。這裡沒有農夫，只住著英國女士。她們會戴著草帽散步，享受陽光灑落的狂喜。兩座山間的斜坡上是滿布長春藤的無人森林。森林裡延伸通向某處的黑暗道路，這條路也許能引領我走向廢墟、馬廄或空地。那會是個好的開始。是當下的間隙。

我往下朝二十公尺長的羅馬式橋梁走過去，通往加納哥比修道院小徑的開端在這裡。兩千年前，在這個地方，曾經有水泉女神在拱橋的陰影下自得游水。但基督徒的神將她們趕進岩洞裡。和蜥蜴的故事一樣：時代相續而來，主宰者換人當，前朝統治者退回自己的巢穴，不同的神祇互相取代，新的神廟矗立在舊廟的根基上。農村經歷過這樣的命運。農人換了工作。我們不必為這場激烈的鬥牛舞難過，我們應該要接受道別，往山坡高處爬。

九月五日，走向呂爾山

對我來說，在加納哥比修道院度過一夜頗有助益。僧侶們仁慈地給了我一個比以土地為床舒服太多的房間。在教堂拱頂下的晚禱正如我的想像，帶來鴉片的效果——我嚐過那種黑色膏狀物，但從來沒拿菸槍抽過。打從十二世紀起便吸收禱詞與聖歌的石灰石，不知是否也會隨著讚美詩震動？身穿黑衣的僧侶還保留他們的習慣、姿勢，覆誦相同的文字，堪稱中流砥柱。在下方的山谷，現代人庸庸碌碌；而在這裡，全體僧侶表情依然焦慮。欽佩之餘，我不免有些驚愕，因為這齣源自教條的晚禱中依稀透著驚慌。為什麼我眼前看到的是傑利柯[37]畫筆下，描寫船難的《梅杜薩之筏》[38]？我聽到的是祈禱還是乞求？我懷疑，那迴盪在羅馬式拱頂下一聲聲的「來拯救我們吧！」，只反映了對靈

36 Marcel Pagnol，一八九五～一九七四，法國作家，擅於描寫普羅旺斯生活。
37 Théodore Géricault，一七九一～一八二四，法國浪漫主義畫派先驅。

魂的誘惑。我不禁覺得這一點也不合宜，因為人類並沒有受到威脅。二〇五〇年，地球的總人口會破一百億。倘若我聽聞的是森林裡的動物或是河流呼救，我才會認真看待這些請求。

這天下午，僧侶們辦了一場宗教間的圓桌會議。他們邀請一位猶太教拉比和一名來自阿爾及爾的主教共進午餐。我們在桑椹樹下的空地擺起桌子用餐。時光看似美好。杜朗斯河在金色的沙地中蜿蜒流動。幾名警衛簇擁在拉比身邊，這些人高頭大馬，理小平頭，穿著合身的西裝。當他們坐下時，我看見葛洛克手槍露了出來。老實說，這場宗教間的會議一開場就不順利。我在午餐後離開，心裡雖充滿對僧侶的感激，但也愉快地轉身背對美景、永恆和精神官能症。

我在修道院賺到了二十歐元。一名老婦人同情我的破相，便遞了張鈔票給我，說：「去找人為您做一場彌撒，隨您找誰都好。」我想到我母親，她絕不會要求我做這種事。

這是我這張破碎的臉首度引來同情。那場意外導致我臉部麻痺，這副怪樣子常引來街頭孩童側目。連狗都會奇怪地看著我。我的嘴歪向一邊，鼻梁變形，右臉頰凹陷，一顆眼球爆凸。總而言之，就是個**怪物**。文藝復興時代和十七世紀古典主義的審美觀念影響著我，因為古典審美觀強調的是對稱性。直到二十世紀初的立體主義解構手法才修正了對稱的必要。畢卡索的畫作安慰了像我這樣飽受臉部麻痺、變形所苦的人。對前者而言，後者代表了人生能夠適應醜陋。倘若我活在中世紀，活在波希[39]的夢中，我的醜陋將被視而不見。

我回到溪谷的黏土路上繼續步行，沿路不時看到清澈的水池和山坡裂口。溪水輕搔

38 The Raft of the Medusa，繪於一八一八至一九年，描繪法國海軍梅杜薩號沉沒後，生還者在自製木筏上漂流的場景。海難當時生還者近一百五十人，最後僅十五人獲救。

39 Hieronymus Bosch，一四五〇～一五一六，荷蘭畫家，多數畫作描繪人類的沉淪及罪惡，常以惡魔、半人獸來表現人類的邪惡。

著地面，冬青樹根防止土壤流失。我從屋頂摔下時跌壞了一隻耳朵，一邊聽不到，因此我經常會失去平衡。我拄著登山杖，懷念起擁有所有感官的日子。我還喪失了百分之五十的嗅覺，我無法呼吸到普羅旺斯的所有氣味，比方岩薔薇的辛澀和石灰岩的溫度——亦即光線的味道。烈日將蒸氣呼在樹梢。塞尚在畫中將普羅旺斯染成一片藍，這功勞不在他。

已成了廢墟的蒙洛村位在腐朽的石灰岩山嘴上，龐大的呂爾山在廢墟的北方拔地而起。森林如暗礁般擋住了通往北部山谷的路。我還沒將睡袋鋪在冬青樹叢下，因為腿痠，先躺在林邊，抽出黃楊木菸斗抽了一小時的荷蘭菸絲。遠處鐘聲響起，龐大的呂爾山融入夜色。二十一世紀的這年，我能夠像個十八世紀田野風景畫中的小人物一樣，無所事事地度過一小時，真是太美好了。

九月六日

借道呂爾山就能進入凡圖山區。我要做的，是爬到山頂，順著稜線往西走。

這一帶的山毛櫸已經轉紅，表示山頂接近了。山毛櫸的白色樹幹上有著圓形圖案，枝幹交錯，看起來彷如德國奇幻畫作的場景。這樣的山毛櫸林足以藏匿菲斯利[40]的怪物、孟克[41]的聖母、庫賓[42]的夢魘和迪克斯[43]的骷髏。要不是藝術類書籍都太重，就可以將他們的作品一一掛在銅色的枝葉上供我欣賞。

呂爾聖母堂是一座林中小教堂，興建在四棵大樹之間的空地上。呂西安住在教堂旁

40 Johann Heinrich Füssli，一七四一～一八二五，德國－瑞士英國畫家，浪漫主義畫派。
41 Edvard Munch，一八六三～一九四四，挪威畫家，代表作為《吶喊》。
42 Alfred Kubin，一八七七～一九五九，奧地利版畫家、作家，象徵主義和表現主義代表人物。
43 Otto Dix，一八九一～一九六九，德國畫家，以戰爭繪畫聞名，新即物主義代表人物。

的棚屋裡。我遇見他時，他正撥開長髮，拎著水桶在泉邊打水。要是再加上一匹乘涼的坐騎和牠背上喝著普羅旺斯葡萄酒的騎士，這地方看起來就像是十三世紀吟遊詩歌的背景。

「是呂西安嗎？我在加納哥比修道院聽說過您。您在這裡隱居嗎？」

「對，好多年了。」

「您缺什麼東西嗎？」

「什麼都不缺！我有書，也有人替我送吃的。我正在讀某個傢伙的手札，他把自己關在貝加爾湖旁的小屋裡，一住就是好幾個月。」

「我知道，那本書是我寫的。」

圍繞著他的棚屋的山徑邊有塊立牌，他指給我看，上頭寫著：「我接受過期麵包與書。」

我堅定相信這樣的生活。住在離幹道這麼遠的地方，絕對稱不上舒適或得以心理平衡。但這麼過日子可以躲開最糟的一切：譬如接電話或是去商店排隊，亦即時間和空間的挫敗。

我將我那本托瑪斯．德．昆西的《一個英格蘭鴉片吸食者的自白》送給呂西安，我告訴他，那塊立牌就是生活方案。十天前，我在梅康圖爾的一處小屋裡看到類似的立牌，上頭寫著「我們這裡沒有無線網路，但我們有葡萄酒」。在不久的將來，這些人們仍然崇尚生活本質的地方會成為殿堂。我們會像日本人一年一度上山前往落櫻下的神舍一樣，列隊前來。

我在稜線上走了三天。路徑有時會引我走向北邊的斜坡，有時又轉向呂爾這座龐然大山所在的南坡。石灰岩地很硬，行腳者往往就像敲石塊的苦力。

在一處名為「泉水」的地方，一名老婦人跛著腳，走在一堵沒有砌出尖角的牆前。她手裡挽著一籃桑椹。她抬起雙眼時，我看到我所尋找的眼神：農人、刻苦、流露著古老的智慧。她屬於那種認為李子的健康狀況遠比高速網路重要的人。

「一切都好嗎？」我找不到話說。

「這裡沒有核桃了，」她說：「核桃樹喜歡生命，但這裡沒有人。另一邊——」她指的是南坡。「——有蘑菇。」

「它們運氣好。」

「是運氣不好！一堆城市人像甲蟲似的跑來採光了所有東西。他們連牛肝菌和毒菌菇都分不清楚！要是他們拿採到的菇給我看，我什麼都不會說。活該中毒！」

這是巫婆的那張臉啊！婦人的臉和呂爾的廢墟很搭調。她貼著牆面，嘴裡喃喃說著我聽不懂的話，精神似乎處於焦慮狀態，表現出人在蒼天下的掛念。我再次爬上稜線朝尚姆巴爾而去，凡圖山更近了。凡圖山乍看像是不想在南方死去的阿爾卑斯山，跳動了一下，隨即又倒在平原上。

樹林掩蓋著矮牆。費了這麼大一番功夫，最後成了廢墟！種種挖鑿砌蓋證明長久以來有人在斜坡上居住，艱巨的工程重塑了地勢。徒步矮牆間的石子路上，我在實踐活生生的考古學。斜坡要改造成梯田得花好幾千年之久；而回歸矮樹叢不過在幾十年間。擺脫舊事物，時代盲目的力量就是這麼迅速。

矮牆上覆蓋著青苔，荊棘是時間對石頭的輕撫。一棵冬青笨拙地模仿安哥拉石窟的樹木，企圖攀附牆壁，但結果不過爾爾。為什麼那些畫家對廢棄的荒地不感興趣？這裡可見到十八世紀虛空畫派的所有特色；儘管沒有人類頭骨、沒有花和沙漏，卻有爬滿藤蔓的石頭。象徵的物件雖不同，但訊息是一致的：一切都會消失。石牆的朝生暮死甚至更教人哀傷。因為，當牆和人注定都要瓦解，築牆的工程可比人類繁殖更費力。

九月八日，凡圖山的兩側

我沒在小旅棧的四牆之間過夜時，就會露宿戶外，我很快瘦了下來。徒步旅行時體重減輕，宛如沿路撒下些許的自己。只要我一睜開雙眼，就充滿離開的渴望。這是我生命中珍惜的時刻：在執念中來回擺盪。

我愈來愈接近凡圖山，這時已經進入索村。我選擇順著南坡與沃奈桑伯爵領地相連的角度前進。上普羅旺斯護城牆裡的旅程結束了。我離開了作為庇蔭的城堡。富饒且人口眾多的沖積平原在下方展開。我會在稍遠的西邊穿過隆河，接著在中央高原處再次遇見報告中的「廢棄農村」。伯爵領地是肥沃的平原，這陣子，教皇的偌大葡萄園充斥著阿拉伯移民、英國遊客和來自巴黎的新農民。這一帶只剩下為數不多的普羅旺斯農人，他們種植著葡萄和蔬菜。我在索村喝了糖漿，冥想命運的諷刺：我夢想要度過負面人生（我的偶像維雍在小酒館喝得酩酊大醉，在兩段戀情之間寫詩），卻只是在外頭遊蕩，擺出療養院病人的姿態，小口啜飲杏仁糖漿。

我就這麼情緒低落、半瞇著眼睛坐在陽光下，一群美國單車騎士占領了我身邊的幾張桌子。這群人大約六十上下，體格和網球選手一般健美，穿著緊身單車服。英語讓他們愉快地大笑，露出潔白的牙齒，不同桌的騎士彼此喊話。他們喝著新鮮葡萄酒，珍珠般的酒滴在女士們嘴邊滾動。他們不只懂得生活，還知道怎麼展現。

普羅旺斯的旅行社不只安排路線，還提供自行車。凡圖山這一帶大約有幾百名單車騎士，騎士們晚上會回到種滿花的落腳處。西藏朝聖者也會繞行聖山，只不過他們身穿破舊的衣服，黝黑臉孔上那雙眼睛，流露出痴迷的目光。基本上，苦行朝聖者和美國踏青客終究擁有相同的目標：找事做，免得無聊。關於我們的人生，巴爾貝．多爾維利[44]曾經坦承：「沉悶無聊是我生命中的神祇……」比起諾曼第的紈褲子弟，我鄰桌這些人

44 Barbey d'Aurevilly，一八〇八～一八八九，法國神祕、幻奇小說作家。

更能對抗神經衰弱。他們享受著彩色電影中的普羅旺斯，猶如廣告畫面中那點綴小村莊的赭紅色山區。

這處遮蔭棚下格調太高！我覺得自己打扮得太不入流。美國人每到一處，法國人就覺得自己像一九四四年的諾曼第土包子……我起身離開，沒有打擾這些曬成粉紅色的美國人。我不覺得他們惹人厭，也不認為他們完美笑容的背後一定藏著魔鬼的面具。不是的，絕對沒有！我這麼說不是反諷！事實上，我羨慕他們的歡樂。

走了一段路後，暮色降臨，我找了一塊松樹下的空地過夜。這裡有一座教堂，我在教堂旁升起營火，樹林空隙間出現凡圖山巨大高聳又耀眼的白影，你若不知情，還會將這座山當作一朵散發微光的圓形雲朵。從前基督徒修建教堂時，這塊空地是他們珍視的地點。如今教堂的所在地，曾是鹿群度過夏季夜晚的大床。

九月九日，沃奈桑伯爵領地

早晨一向不好過。我必須甩脫噩夢，活動關節。我重新爬梳自己研究拿破崙大撤退或蘇聯時期逃犯的心得：想想比你不幸的人，你會從中得到安慰。

黎明時分，我走下長滿青苔的陰涼山谷。我看到岩壁腳邊有昔日牧羊人留下的廢棄棚屋。直到戰前，牧羊人還會依季節將動物圈養在凡圖山一帶。置身在溫暖的羊群中過夜，既具冒險價值，又能留下深刻的印象。我真後悔沒有早一天到這裡紮營。我後悔沒在一千年前抵達此處。

光線照在黃楊樹上，樹林彷彿上了蠟般閃閃發光。蜘蛛網讓路給我通行，它們是小路杳無人蹤的印記。我看到接續相連的石牆，這是大工程，代表當年行路森林之人不是單純的「林區使用者」。這些遺跡提升了陰影的神聖感。這條路通往一片廣闊的景致。我眼前是伯爵的領地，柏油路劃開了土地。汽車引擎聲愈來愈吵。我背後是緩慢改造中的農舍；面前切割著山谷的道路上運送著動物、人和商品。河谷內是昨日的世界。朝南邊看去是當下，郊區範圍來到了凡圖山腳下。新的拓居地迅速占領法國國土。地貌的醫美手術只需幾年時間。一九四五年國家振興，重畫地圖可以一雪一九四〇年的前恥。新來臨的繁榮確保計畫的進行。國家必須安置嬰兒潮的孩子，市郊興建起一排排建築。接著，就像那些規畫人員說的，必須攤開都市。他們的說法合乎邏輯，因為水泥在硬化前也是需要攤開的液狀。該是對外界開放的時候了。城市的範圍愈來愈大。這就是一九六〇年代的「優先都市化」及十年後的「積極開發地區」。高速公路伸出了觸手，超市猶如雨後春筍般林立。鄉村出現矗立的筒倉。龐畢度[45]胖嘟嘟的，法國繁榮興盛；農業工業化，昆蟲退避，水質受到汙染。唯一警告我們災難將至的，是拉爾扎克[46]幾個掃興的傢伙。他們被視為左派分子，其實他們也真的是。眾人任由他們在潮溼的羊欄裡閱讀列寧。

季斯卡的七年任期揭開第二幕。都市法允許人們在農地上興建住宅。接下來是獨立住宅的年代。每個人都可以擁有自己的天堂。獨棟住宅的夢想灑落在這片土地上。由高空俯瞰，好像打翻的糖罐將方糖吐在桌巾上。在地面上，你聽得到狗吠聲。家用住宅無限複製。孩子們在以雪松為籬的花園裡玩耍。但這總比城市蔓生來得好。

加斯東・德費爾[47]的地方分權成為致命一擊。各社區得到了地方發展的鑰匙。政府鼓吹著：醒來吧，沉睡的外省！大賣場的招牌紛沓出現，小商販毫無招架之力。偌大的長毛象揮動著尾巴，掃過那些供應茴香酒給飢渴靈魂的小餐館。此後若想喝個大醉，你得上大賣場買酒。

人文地理是歷史的表現。風景在四十年間重新改造，以利汽車通行。這些車要確保

45 Georges Pompidou，前法國總統，任期為一九六九至七四年。

46 Larzac，中央高原南側喀斯特地形農業區，自一九七〇年起，歷經十年非暴力抗爭，成功讓政府取消購買閒置農場以擴大軍營的計畫。

47 Gaston Defferre，於一九八一至八四年獲任命為法國內政部長。

住宅區和超市停車場之間無休止的往來。這個國家到處都是圓環，人們從此在車裡度過漫長的時光。地理學家談到「鄉間住宅不受控管的擴增」：這是柔性、奇特、不屬於城市也不屬於農村的地帶；是供人們往來、充滿孔洞的母體。

網際網路為轉型關上了最後的艙口。繼輝煌三十年之後，我們可以稱二十一世紀的前二十年為「滑鼠二十年」。到現在，鄉村仍然看得見前一個時期的祭壇——水塔、收費站和高壓電塔；第二個時期沒留下太多痕跡，什麼都不做就夠滿足了。世界投射在螢幕上，所有人都可以留在家裡，一如社區安全機制所宣稱：由鄰居來「守望相助」。有時，為了替失去活力的農村帶來一絲朝氣，某戶人家會在週日舉辦蘋果塔品嚐會和牌局。「個人服務」取代了古老的友誼，而影像監視系統確保整個氛圍。

一開始的情況應讓人很興奮。我們的父母親還記得：國家期待著明天，女孩的裙子愈來愈短，外科手術大有斬獲，從巴黎起飛的協和超音速客機在兩小時後就能抵達美國，而俄製飛彈呢，它們終究無法發射——真是美好的人生，對吧！一九四五年的嬰兒抽到了歷史上的頭獎，贏得繁榮的年分。他們沒聽過尚・考克多[48]對千禧年年輕人的演說，這番演說猶如一顆殺傷力十足的手榴彈。「進步，可能是錯誤的發展。」

但這些二比兩萬五千分之一的地圖是寶貴的幫助。它們指出了黑暗道路，讓我在死亡的珊瑚礁間穿梭。生活中最重要的，是配戴好的眼罩。

賣櫻桃汁的農家在貝端鎮的入口停下拖車。我買了兩升，大口大口灌下。

「請問夏季還有人徒步放牧嗎？」我問道。

「您開玩笑嗎？牧羊人現在都是中產階級了！他們開卡車上山，小屋裡還裝了電視！」

過了貝端，我爬上碎石坡，走向瑪德蓮山的埡口。地面冒出一片炙熱的寧靜，在這

48 Jean Cocteau，一八八九～一九六三，法國詩人、作家、藝術家、導演。

一刻，連昆蟲都沒出聲……

眼前正支撐我的，是陰影、是桑椹，是幾縷清風和在冷氣房度過一段時光的回憶。在「黑暗谷」，二十年前的回憶冒了出來，我曾經來這裡攀爬橡樹林上方的硬質石灰岩峭壁。當時，一名身穿迷彩服的士兵全速衝下山。

「來攀岩嗎？」我問道。

「對，在上面！」

他含糊地打個手勢，說話時，靦腆地帶著口音。

「外籍軍團？」我問道。

「對。」

「您從哪裡來的？」

「立陶宛。」

他離開後的十分鐘，同隊的成員排成縱隊現身。當中有亞洲人、有淺色眼眸的人、有人頭髮鬈曲、有人極高、有人來自島國。他們很快便離開，只剩下我獨自攀爬。外籍兵團成員，是世界的子民。

我繼續朝馬洛塞納前進，跌跌撞撞地走下森林裡的碎石小徑，再朝山脈隘口的方向往上爬。森林像個織布工，篩濾著陽光，我穿過一束束光線，感覺光線洗淨了我的臉。

我覺得身體有點累。對憔悴枯槁的我來說，四十公里實在太遠。對我來說，普羅旺斯好比殘酷的保母。普羅旺斯有什麼？難不成是那些美國單車騎士所追尋的蔚藍海岸沒有的特色？倘若讀過紀沃諾，他們絕對不會來到這裡。這地方不符合電影《捉賊記》的景象。希區考克為棲息在半山的村莊拍了一部廣告幻燈片。紀沃諾這位來自馬諾斯克的小說家呢，則是將惡意還給這片土地。他筆下的普羅旺斯在風中嘎吱作響，在腳下呻吟。地面暴露硬石塊，少有水源，大自然對人類毫不留情。這裡的氣候不是暴風雨，就是讓大地只能長出帶刺植物的乾旱。野獸張著嘴互相咬噬。普羅旺斯嗎？更像是海膽。

這天晚上，在凡圖山的西南坡，蜈蚣造訪了我的夢境。打從在呂爾山過夜起，我的手肘內側總是出現叮咬痕跡。我聽見動物在黑暗中翻找食物的聲響。野豬狐狸相偕出巡。接下來是一場由直升機演出的芭蕾。奧朗日空軍中隊在進行夜間訓練，他們先掠過埡口，停在高處，接著朝馬洛塞納的岩壁俯衝而下。那是虎式直升機嗎？還是耳廓狐直升機？我沒辦法靠渦輪聲分辨機型。他們透過探測系統看到我躺在地上的身影。但是一個睡在半月夜下的傢伙對演練中的直升機毫無威脅。

九月十日，在塞居勒

幾架直升機離開後，動物也回到小徑上，只是動作更加謹慎。有些動物移居混亂的東方重建秩序，有些則試著在人類的地盤上生存；戴著獵帽的人類容忍後者，只為了偶爾賞牠們一槍。

我繼續行進，成群的禿鷹已在泛白的天空中巡弋。昨晚我將鼻子湊在百里香叢中，睡得很好，這讓我輕鬆愉快地花了一小時就走到石灰岩稜線上一處名為「狼爪」的缺口。桑椹減低了我前進的平均速度，我只要看到桑椹叢就會停下。貪吃害我雙手流血。為享受而暴露在刮傷的危險下，讓我想起一件事：愛情。我還站在門檻上，準備踏入炎夏的這一天，除了再往前走一點之外，沒有任何須履行的責任。我不需告知任何人，不需回應問題。在外頭的這一天，我受到了庇護。

在長馬山麓的山腳下，我看到頭幾處噴灑硫磺殺菌的葡萄園。葡萄藤整齊畫一，地面沒有雜草，就像成吉思汗率領大軍踩踏過的土地。因為用了化學農藥，大串葡萄的果實大小相當。這些葡萄園之間偶爾可見小塊土地，葡萄藤腳不但紊亂不齊，還雜草叢生；這些土地是認證的有機葡萄園，沒有使用化學藥劑。喝了有機葡萄園生產的酒，隔天醒來不會那麼痛苦，也可以安心地給小孩喝。

我路過地勢較低的哈斯托，穿過堆積淤泥的大平原，這一帶的淤泥是隆河肥沃的沖積土，是上帝賜給人民的禮物，讓真正的法國人有上好的紅酒喝。

遠處，塞居勒村依偎在刀刃般的石灰岩峭壁前，像亞特拉斯山下的聚落。這裡是監視敵方動靜的理想崗哨。昨日是胡格諾教派[49]。明天會是誰？就像十世紀的伊斯蘭教派嗎？塞居勒在前阿爾卑斯山的褶曲山脈上位居高點，伯爵領地的果樹林平原於下方展開。位在山丘下方的薩布雷是農業封鎖區，但聚集在此地的是業主，而非防禦堡壘。這一帶水資源豐富。在「仙子泉」附近，我瞥見一條草蛇在找水喝。牠一見我接近就開溜，起初速度不快，因為牠的肚子摩擦著地面，但隨後牠竄進草叢，少了摩擦力的阻撓後，速度可快多了。一片橡樹林的地面長著松露，樹幹上掛著牌子嚇阻人們盜採：「禁挖松露」。打從梅康圖爾，我就發現人們喜歡四處掛禁止告示。每處林邊掛的不是「禁獵」，就是「私人土地」、「禁止進入」，還有「最後警告」的字眼。地理學家說，人類能夠改造大自然的面貌，圍出隔欄，讓土地人類化。演化真奇怪。才三萬年，演化就讓原本只懂得打獵、採集的人類演化到反應多樣化的小地主。

我在塞居勒的一個阿姨家過夜，這位親愛的阿姨像母親般接待我。她從前在法屬玻里尼西亞住了很久，從那裡帶回多年來在蔓棚下生活的藝術。她家的蔓棚正對著岩石下方的平原，可以瞭望五十公里外的隆河，蜿蜒緩流的河面在陽光下像大理石那樣美麗。河流的西側，塞文山脈上方有場蠢蠢欲動的暴風雨。那是我要爬的下一座山，目前看來，卻像座不吉祥的堡壘。

49 Huguenot，十六至十七世紀信奉喀爾文的新教教派，反對君主專制。

九月十四日，朝隆河走

適逢收穫季，土地瘋狂生產。葡萄藤馬上就要愉快地歸還它在陽光下擷取的一切。葡萄園中有幾個忙碌的西班牙人，他們是紅酒小隊的隊員。一名穿靴子的工人在昨晚龍捲風打溼的小路邊抽菸。

「嗨，收穫還好嗎？」我問道。

「可以賺很多錢！」他面帶微笑。

過了正午，我靠著葡萄藤小睡片刻。我坐在背包上免得沾到泥巴。醒來後，我想著，我完全符合法國人的完美形象：坐在一株葡萄藤下打呼的傢伙。我在艾格河上游休息，途經凱拉訥的老碉堡，將塞里尼昂遠遠拋在二十公尺外的身後。一八八九年，法布爾[50]曾經在這裡居住。這位博物學家（他不肯讓人們為他冠上昆蟲學家之名）隱居在此，帶著熱帶物種、珍貴草木和奇形怪狀的昆蟲走進他的花園。他任由荒地——即普羅旺斯當地人口中的harmas——的植物和昆蟲自然生長，在藏寶箱似的小屋裡排列貝殼、釘蝴蝶，醉心於研究工作。三十年間，他採集植物，跑遍了凡圖山，研究物種演化，收集化石，保護動物，在一張木頭小桌上寫下令後人難忘的《昆蟲記》。讀《昆蟲記》讓我領悟到，我們可以從一座花園的祕密出發，向世界敞開胸懷；可以藉由觀察草木建立思想體系，將世界的喧鬧留給後人，發展出一套不將人類視為優先考量的整體哲學。一隻昆蟲就是一把打開生命奧妙的鑰匙，值得擁有最高貴的珠寶。

想到這樣的思想家，我的心一緊。他們的生命在自己的雪松樹下展開。有時，為了捕捉甲蟲，他們甚至願意爬上高山。其餘時間他們留在家裡。他們提醒我們，太多環球旅行都是白費力氣。為什麼要將生命浪費在四處奔波上？快步舞蹈能為我們帶來什麼？記憶，以及許多灰塵。旅行者汲取經驗，散盡精力。他們氣喘吁吁地回來，喃

50 Jean-Henri Fabre，一八二三～一九一五，法國博物學家，以《昆蟲記》一書留名後世。

喃說著：「我是自由的。」接著，他們又跳上另一架飛機。從我自高處摔下以後，荒地——harmas——這個字眼便誘惑著我。

比法布爾這個灌木叢中的老瘋子早了兩千五百年，有個希臘人就說了，能夠管理一片農地的人，就懂得管理生活的藝術。瑟諾芬[51]將他的指揮手冊《經濟論》偽裝成一部農業摘要。想掌握權力？先去種田！晚上六點，我坐在艾格河畔的斜坡上凝視河谷。十八世紀的建築點綴著棋盤狀的葡萄園。柏樹是石牆前方的守衛。

比起法國總統，地主們掌握更有效的權力。

後者支配著一個小王國的確切命運；前者對人民負責，許下抽象的願望，理當指引比他巨大有力的機器——也就是歷史——如何運作。總統的權力，是在充滿阻礙的迷宮裡找路前進。

地主知道他的樹林遭受食木昆蟲所擾時，有權防衛。而總統呢，則是在國家遭受威脅時採取極端措施，備受責難。

在政府管理上，保持低調的雄心壯志才能實現。行使權力的界限確保效率，而效率是權力的實質。總統說：「所有人都不能知道我無能。」地主回答：「我的產業就是我的王國。」最高首長結結巴巴地說：「我想得到我做不到的一切。」地主喃喃自語：「我只做我懂的事。」

當一方忙於收成、顧養牲畜時，另一方卻在幻想自己正支配著無法理解的事物，對脫韁失控的局面施加壓力。

最近，法國總統因為自己在全球氣候上的影響力而沾沾自喜，但他卻沒有能力保護國內的蜜蜂和蝴蝶（法布爾若知道了一定會哭）。

一如德國童話故事中，頭戴鐘形帽、為魔法師所欺瞞的瘋國王一樣，全球的國家元首在他們的皇宮裡散步，相信只要揮揮手，就能重新架構畸形發展的社會；他們透過算

51 Xenophon，西元前四三〇~西元前三五四，古希臘軍事家、哲學家。蘇格拉底的學生兼友人。

計贏得掌控權，仰仗克己的美德把持權力。國家的政策，是表明其企圖的藝術。而農業的《經濟論》在有限空間中體現理念。這是瑟諾芬教我們的事。

我沒有領土，只能藉由在小徑上步行，以期成為自己的主宰。我避開大馬路，偶爾露天而眠。這是我能做到的事。

我繼續上路，在夜幕籠上隆河谷地時，抵達蒙德拉貢。

我落腳的小旅館裡住滿了葡萄採收工。我們在公用大廳的電視前吃晚餐。半聾的優點，是電視的音量會降低。我聽不見BFM新聞臺的主播說了什麼：她似乎對於放任某件事不予理會的想法略顯驚慌。我的背包裡放著一本費爾南・布勞岱爾[52]的《法蘭西的特性》，我拿出來，邊喝湯邊讀前言。對這位歷史學家而言，法國是從人與地景「極端分裂」出發的。布勞岱爾認為這個國家發展畸形，讓南部普羅旺斯喝蔬菜湯的人和北部康布雷編織蕾絲的女工待在同一片土地上互相為鄰（還手拿同一面國旗），是個奇蹟。在恩典下，體型和精神文化相異的人群得以共存；好比石灰岩和花崗石，海豹和蠍子，新教徒和天主教徒，西部矮個子的薩瓦省內陸人和東邊靠海的朗德省牧羊人，莫拉斯[53]和饒勒斯[54]。這樣的組合，往往會引來內戰的命運。儘管如此，兩千年來的諸多裂痕終歸融合一體（當然，屢屢衝突換得的代價）。當代執政者受到誘惑，從歷史的倉庫裡挑選適合他們的商品。以賣場部門經理的話來說，就是「盤點權」。

老法布爾——我才離開他的老家——發明了一個說法來補充布勞岱爾的思想。他以「死屍團塊」來形容這裡的化石層。數十億被時間消化的微小生物，經過層層壓縮成了基質，而我們就生活在上面。「不可能存在」的法國像石灰岩，是消化後的產物。相反的想法、相對的氣候、不協調的景觀和迥異的人，經過緩慢的沉思默想，最後攪拌成富發展潛力的團塊。對布勞岱爾而言，這就是特性的所在：存在於混和之中，這個詞彙太

52 Fernand Braudel，一九〇二～一九八五，法國年鑑學派史學家。
53 Charles Maurras，一八六八～一九五二，法國作家、君主主義支持者。
54 Jean Jaurès，一八五九～一九一四，法國左翼政治家、社會主義倡導者，後遭到刺殺身亡。

棒了。這得耗上幾十個世紀的時間。

我這夜過得很慘烈。國家既分裂又統一的想法驅走了我的睡意，枉費這間小旅館叫做「好眠羅伊家」。我住的房間只要三十歐元，面對國道，卡車路過，紙板隔間就跟著震動。

九月十五日，維埃島上

溼答答的一天。一大早就很潮溼，我朝隆河走去，踏出的每一步都沾滿淤泥。維埃島分隔在我和隆河之間，沖積土上的蘆葦叢裡不見飛禽。沒有窸窣聲，沒有鳥叫聲。植物的飛絮在風中飄動，帶著節拍器的優雅。我路過葡萄園，採收工還在忙。我邊走邊想著法國的「團塊」。就在我腳下這片土地、馬格德林文化[55]的獵人、迦太基名將漢尼拔向羅馬出軍時帶的象群、渴望普羅旺斯鮮血的胡格諾教徒，以及農村子弟的一系列祖先——羅馬帝國的士兵，或是在國道七號公路上騎單車度假的藍領階級，都曾經發生跨世紀的碰撞。今天，沿著河畔的是柏油路、高速火車和國道七號公路。戴著無線耳機的慢跑者向我打招呼，我猜，遠處那縷煙應該來自皮耶爾拉特的核能發電廠。核電廠，漢尼拔的回憶：這是布勞岱爾所謂的層層堆積，不同的影像壓縮在同一塊土地上。「空間之發明，就是為了不讓所有事件發生在同一個空間。」彼得．斯洛特戴克[56]在二〇一二年的日記裡這麼寫。這老傢伙總是一副被自己的思想從睡夢中吵醒的模樣。關於時間，他也持同樣的理論。時間不像法布爾所謂的「死亡團塊」那麼緊湊。事件相續而來，留下的痕跡，也不若石灰岩層裡的化石那麼混雜。你必須翻找土壤，觀察景色，細細審視某些面孔，才能猜測過去所留下的遺跡。

55 指西元前一萬五千年至西元前一萬年，西歐舊石器時代晚期的一段文化

56 Peter Sloterdijk，德國哲學家、文化理論家。

我編織的黑色道路背負重責大任，要為逝去的時光製作地圖。這些黑暗道路太古老，所以被人放棄。「古老」已不再被人視作美德。

三　黑暗道路

DES CHEMINS NOIRS

九月十六日，走向下維瓦萊

近日的幾次暴雨，讓隆河處於猶如發情期的態勢。我在聖靈橋渡河，飛快瞥了湍急的下游一眼。那些大象要怎麼穿過這樣的急流？人類將這些冥想中的可憐粗皮動物從草原硬拉出來，朝凱薩進擊。一頭沉陷在憂鬱情緒中的厚皮動物與羅馬帝國的命運有什麼關係？我踏上建於十二世紀的橋，最後一次回頭，將凡圖山的山峰烙印在記憶裡。我不想忘記的是，在人類以鐘樓模仿之前，地質便已在平原上立起了神壇。鐘樓腳下的人類相信，有個自外於其創造物的神祇嘗試建構大地。

到了隆河右岸，我朝阿爾代什河上游的方向走去。滿水位的河水顏色猶如焦糖。這兩天，我不是順著山谷高處就是深入右岸的森林，朝瓦隆橋的方向走。第一晚下了傾盆大雨。羅亞爾河以南的暴雨通常短暫，但昨晚的大雨直到翌日才減弱。森林裡一片幽暗，雨水打得枝幹彎曲下垂。我想到那些沒有棲身洞穴，在大雨中，只能徘徊在拉瓦森林深處的動物。更精準的說法是，在我向牠們表明想法前，我先小心地在一處廢棄森林小屋裡覓得遮風蔽雨的安身處。我畢竟不能為了同情而過於矯情。雨下個不停。當夜幕決定遮蔽森林時，我走向拉巴斯蒂德的一處小旅社。

九月十七日，在派奧利弗森林

接下來幾天，我得清理出一條黑暗道路。這地區人口較少，正好方便我這麼做。到了夜裡，我會計算自己在這些被遺忘的小路上徒步多遠，有時候，只要走上總里程數的四分之三就足以讓我滿意。我轉彎，朝洛澤爾峰的方向走，目的地是萊旺。雨水沖垮了拉巴斯蒂德附近跨越朗杜斯溪上的橋墩，這讓我想起，在尼泊爾，面對季風期間遭河水沖斷的橋梁時，我們經常自問：想到對岸，是不是得多花四天時間？而這裡，在法國地理環境中，類似的失望頂多持續三、五公里。將自己整治成像日本花園的小地區就有這種優勢。我留在左岸，在我走上長著胭脂紅櫟樹的海拔高度時，我在一條碎石小徑上遇到一對年長的奧地利夫婦。他們優雅又時髦，很像自殺前出門散步的茨威格[57]夫婦。男人穿著呢織外套，女人頭戴奶油色的絲質頭巾。他們推著一輛手推車載運木材——連木材都堆得整整齊齊。他們將原是廢墟、位居高處的住家整修得近乎完美，屋頂鋪了羅馬式瓦片。

「撤退後，」男人說：「每個人都來這裡買農舍，有比利時人、英國人……還有我們。」我猜他說的撤退是指農村人口外流。

他抬起木材般的手指朝一條捷徑指去，告訴我，穿過橡木林就直通西澤埡口。我這整天都走在石灰岩山脊上，也就是阿爾代什語的serres。位在山坡上俯瞰農業平原的夏

57 Stefan Zweig，一八八一～一九四二，奧地利作家。與第二任妻子夏洛特於巴西家中服食巴比妥酸鹽自殺。

斯特拉是一座廢棄村落，灌木叢不但摧毀門梁，連原本全新的泥水工具也遭到破壞，起了裂痕。

我在小村裡度過完美的時光。椴樹的陰影下有一座噴泉，教堂牆邊擺著長椅，讓赫塞和漢森[58]筆下那些充滿詩意的漫遊者停駐的元素，這裡一應俱全。在派奧利弗高原的小路上——每一步都能踩到爛泥——我遇到了其中一人。一個老傢伙身穿軍服，戴著卡其色頭盔。這就是我在尋找的人！一個走在自己的道路上，在鄉村刺探敵情的人。黑暗道路上一抹消瘦卻自由的身影！

「您看起來像是巡視於草田的卡斯楚。」我說道。

「只差沒抽雪茄。」他說。

「是沒有，但是您戴著頭盔，還有這些！」我指著一些我叫不出名字的作物，但要說那是古巴的作物也不為過。

「這些是高粱！」他說：「我從工廠回來，看到他們種了這些新作物。戰爭期間，我們會偷種菸草。」

「應該拔了這些高粱，重新種菸草。」我說。

「說得對！」

他簡短向我道別，然後大步離開，每踩一步，爛泥就唧啾出聲。而我呢，因為怕滑倒，只能小步前進。時間晚了，我的脊椎正在呼救。我知道，在我停下來之前，這身骨頭還能再撐一、兩個小時。每天到了這個時候，同一個念頭都讓我揪心，帶來痛楚的那一拳也消逝得很快：「在稜線上玩了二十年，現在卻只能像老太婆一樣走路。」我將這股失望稱之為來自運動的嘲諷。

我回頭看老流浪漢的身影，他朝溪流下游走去。他走得很快，這遊手好閒的老傢伙。莫拉斯主張，真正的國家與合法的國家互相對立，儘管這可能惹他不悅，但走在黑暗道

58 Knut Hamsun，一八五九～一九五二，挪威作家，一九二〇年諾貝爾文學獎得主。

路上，你能夠發現一個既不合法也不真實的國家。不合法，因為你可以在睡在違禁的營火前，還會遇見怪人，好比流浪漢、吉普賽人、鄉巴佬，或是一些仍帶著幾分野性、以獨特的語言溝通且聽得懂一切的人；不真實，是因為鬼魂在路上穿梭。

今晚，鬼魂棲息在派奧利弗森林裡。來到派奧利弗森林之前，我先穿過了一片喀斯特高原，高原草地上，小飛蟲聚集成整片蛋白質構成的雲。沙斯扎克河上方的森林裡遍布石灰岩，河流蜿蜒流動在已然浸蝕出洞穴的兩片峭壁間。五公尺高的大石塊矗立在黃楊樹林。岩石在陽光下閃閃發光。要是你腦袋不清醒，會以為自己看到一群人走上峭壁邊緣，正準備往下跳時瞬間石化。

「別做夢，戴松，天黑了。」

昨晚，我和塞德里克·葛拉[59]在瓦隆蓬達爾克碰面，我們靜靜走了一天。我們認識十年了，我讀他的書，而他接受我對俄國粗話、烈酒的愛好，以及這兩個癖好結合而生的複雜夜晚。過去十年，他都在俄國工作。基於俄國的地理環境，還有幾位居民，我們將俄國視作第二故鄉。我們曾經在俄國遠東地帶的森林裡迷路，在分離主義分子防禦的頓涅茨克市政府前痛飲啤酒，也曾經在毫無準備下，成功爬上幾座山。他從未責備我登山不夠專業，因為他曾經在海拔六千公尺的喀喇崑崙山上跌斷腿，多虧一旁的義大利登山助手和巴基斯坦直升機飛行員的雙重努力，才救回一條命。他的人際關係概念，從來不是以表達次數多寡，來衡量感情的價值。

這晚，我們在沙薩涅上方的懸崖邊緣升起營火。飛掠的猛禽破空而過。風吹了一整個晚上，吹得我們的帳篷啪嗒作響，好比風帆聲驚醒了值班時偷懶的水手。午夜時分，精準地猶如蝙蝠的葛拉開了口：

「你看看，我們四處旅行，跑遍世界，卻對這片亂石一無所知。」

「行腳者配不上他走的路。」我說道。

59 Cédric Gras，法國作家、旅行家。

「托爾斯泰的《哥薩克》有一幕。一名老兵帶著軍校畢業的俄羅斯菜鳥軍官到森林裡。這些軍官都很傑出，有文憑，懂科學，受過動，但他們看不到動物在地上留下的痕跡，無法辨識風在樹林中留下的記號。最後老兵說：『他們都是知識分子，但他們什麼都不懂。』」

「我們就是那樣。」我說。

「老友，你老是掛在嘴上的農村，是一種生活原則，建立在靜止不動的基礎上。這些人之所以是農家，是因為他們留在一個定點，在這個定點接待旁人。他們乖乖待在自己的土地上。他們的生活框架用腳就走得遍，用眼睛就看得完。他們吃的，是自己活動範圍內生長的作物。韓國電影對他們來說全然陌生，美國原住民不是他們關心的議題；但他們知道這樹幹下為什麼長蘑菇。從零碎的知識出發，我們可以進入宇宙的通識。」

「宇宙是沒有牆的地方，」我說：「你聽過米格爾．托爾加[60]這句話嗎？」

「沒有。」他說：「我們啊，我們是現代人，只是路過。」

我們最後還是睡著了。

九月十八日，在維瓦萊的塞文山脈

我們尋找著黑暗道路。我們順著小徑前行，小徑上，石塊受到強烈的日照破壞，裸露在地面。我們喝石灰池裡的水，貪心地探看樹叢下的小路。我們必須很警醒，才不致錯過小徑入口。有時，陽光照得岩石發亮，我們會躺在反射的光線下，像貓一樣伸展肌肉，獻給陽光。

葛拉走得很快，我跟在他身後艱辛前進。但是，我的身體機能隨著每個日子好轉。

60 Miguel Torga，一九〇七～一九九五，二十世紀最偉大的葡萄牙作家之一。

有一天，我覺得靈活的身手回來了；又有一天，我覺得自己的呼吸不再那麼短淺。而今天，我覺得背完全不痛了。目前，痊癒的過程帶給我一種違反自然的感覺：每天都像重新征服了困難，又像生命的破壞過程逆轉，在我完全復元之前，我會日漸恢復青春，而到了那一天，整個機制又會倒轉，我會再度變老，屆時，我才真正康復。

口渴舌燥，我們看到一處無人的農場便走過去，掀開一口井的蓋子。沒想到驚嚇了一隻驕傲又美麗的黑蠍子，牠豎起大螯，一副小神祇的氣勢。牠有什麼力量？牠很清楚自己在做什麼。稍後，牠消失在井的陰影下。難道是我頭骨的裂縫讓我有了偵測蛛形綱動物的能力？從來沒有醫生對我說，腦部受撞擊會讓我發展出類似的傾向。自從我從高處摔下，我看到的獵蝽和蜈蚣比從前來得多。蝙蝠也是。在此之前，身為浪漫主義文化信徒又是洛夫克拉夫特[61]的讀者，我始終將牠們當作噩夢中的生物。但現下我非但不怕，甚至愛上了這些小東西。牠們生活在廢墟裡，隱身在陰影下。牠們是哨兵，戒護著我尋覓之地。牠們豎起大螯，上顎處於警戒，一如黑暗道路上的武士。

我們留心聆聽，但要避開馬路的噪音並不容易。新時代驅動著人類，命令人類四處往來，活動成了社會組織的首要特色。在這樣的地球村，每個人都在等待上場跳華爾滋的那一刻。閘門已經打開，水位上漲，我們是暴漲河流的淤泥。淤泥摧毀堤岸，吸收逐漸鬆動的物質，這些物質中的每個元素都可以被其他元素取代。有什麼攔得住亞馬遜河？

歷史學家發明了將人類依時代歸類的術語：石器時代，鐵器時代，接下來是銅器時代，然後是古代和封建時代。這些都是靜止的時代；而我們的時代突然成了「流動時代」。飛機穿越天際，貨輪在海上航行，塑膠粒子在海面飄動，不起眼的牙刷也能環遊世界；為了登上YouTube，諾曼第少年去參加伊斯蘭聖戰。人們在棋盤上跳舞，轉圈圈

61 H. P. Lovecraft，一八九〇～一九三七，美國恐怖、科幻與奇幻小說家。代表作有《克蘇魯的呼喚》等。

甚至成了宗教。文化若想得到讚頌，便得透過傳播和接觸。歌頌「多樣性」、「交流」和「跨界溝通」，是歐洲文化專業生產者的新教義。

「歷史」的帕金森氏症危機稱之為全球化。這個現象在日常生活中處處可見，好比我們在偏遠農村最儉樸的雜貨店裡買得到熱帶蔬菜和水果。於是問題來了。為什麼人們不能接受小偷到果園裡偷蘋果，卻能接受阿爾代什省的雜貨店架上放著一顆巴西芒果？是誰先違法的？

地球升級為生靈和貨物的流通劇院，山谷因此出現道路，留下創傷，山巒也受隧道所害。「國土規畫」執行了這場表演，連藍天都躲不掉長程飛機劃過的痕跡，風景成了演出的裝飾。

基本上，農村的根本，就是在對抗這股集體狂怒。選擇定居，就是在洪流中創造一座島嶼。走入黑暗道路，就是在島嶼之間航行。這一個月，我在群島間開出了一條路。

在萊旺村，吧檯後的年輕人提出我早已聽慣的問題。我的回答依舊沒變：「從梅康圖爾出發……看能走多遠就走多遠……也許會到芒什省。」於是，年輕人說出一句讓葛拉這個地理控特別注意的話：「要是一切順利，你們今晚可以睡在花崗岩上。」

這個咖啡店侍者說得沒錯！宇宙在海拔六百公尺的布拉伊克來個大翻轉。花崗石砌成的房子上覆蓋著頁岩板。林邊的栗子樹宣告了轉變到來。普羅旺斯的紋章——石灰岩、橄欖樹和羅馬屋瓦——到此結束。從此地開始，我們進入另一個地域，將充滿陽光微風精神的普羅旺斯留在東邊。在這裡，在火山高原的斜坡上，栗子殼下沉睡著古老的火焰。

山坡森林裡的栗子樹葉窸窣作響，在我們剛觸及的花崗岩上，日子的滋味不會相同。我明白自己受了地質差異的影響。石灰、頁岩和火山岩支配著我的心情。有些人相信這個原則，有些人則持否定態度。「土地和我之間沒有共通點。」拉馬丁[62]在《孤絕》中這麼寫道。這寶貴的靈魂錯了！這詩句出自繫著大蝴蝶結領巾的詩人，一名遠離自己出生地山丘的浪漫主義作家，將對自然的想法置於自然之上，相當正常。在栗子樹下，我感覺到拉馬丁錯得多離譜。空氣中夾雜著嶄新的刺激，滲入我的骨髓。

巴爾山的稜線直朝西去。我們旋轉兩百七十度，踏上伸入森林的小徑。在砍伐後的矮樹叢中，我們接上了黑暗道路，失去高度的概念。有時，我們必須穿過不同的柏油路。這代表了失敗，證明我沒有成功延續我的逃脫路線。有時是因為小徑中斷，有時是因為疲倦而抄了近路。到了維勒福爾上方的森林時，我們睡在一小堆營火前，營火歡樂地照亮了太短的夜晚。我凝視著火焰，感覺正面向命運，而我為自己贏了一回合：我吹亮炭火時，頭幾乎完全不痛。

九月十九日，朝洛澤爾峰前進

山丘峰峰相連，洛澤爾峰是我們的目標。我們穿過畜牧業者與矮樹叢對抗的地區。以鄉下人的說法，這些努力是「開拓景觀」。蒙古大草原、地中海氣候的灌木叢和洛澤爾的高山草地，都是牲畜耐心啃咬植被的成果。牲畜不懂得疲倦，但世世代代的人們絕對不會忘記樹叢猶如長浪，牲畜一後退，荒地就前進。在法國，打從一九七〇年起，上百萬公頃毫無管束的土地重新殖民了這個國家：也就是黑暗道路披上的裹布。

我們在屈比埃村上方的樹林裡遇見四名獵人。四人的體重都在一百公斤左右。他們端著獵槍，走在森林的小徑上。其中一人有三層下巴，光靠一趟出獵抹不去他身上的油脂。殺死比自己強大的動物，無法解決過度發福的問題。

62 Alphonse de Lamarine，一七九〇～一八六九，法國浪漫主義詩人、作家、政治家。

「你們應該穿上螢光色的衣服，免得發生意外。」第一個獵人對我們說。

簡言之，我們遭到訓誡。這惹惱了葛拉。

「幾位先生，」他說：「以我們在俄羅斯養成的習慣，我們會使用文雅的語言和粗人說話。我們很抱歉，但還是要請你們運用自己的觀察力。」

「這是在諷刺嗎？」那傢伙說。

「我們沒其他武器。」葛拉說。

有一次我們在海參崴北方的比金河上航行，幾名俄國人放聲詛咒他媽的混蛋，他當場對他們說：「各位先生，請不要罵髒話。」這比一鞭甩在他們臉上更教人目瞪口呆。

九月二十日，朝日沃當去

一條建於一九三六年，名叫「失業者之路」的小徑順著洛澤爾峰的北坡爬升。我們很喜歡這個帶點俄國特色的名稱。

「就算是我們其他人，我們這些法國人，也有辦法群策群力！」葛拉說。

我們迎著風，踩著輕快的腳步，劃破光線穿過貧瘠的草叢。這個氛圍正適合走路：只要路徑保持在稜線上，我們便打算一直走下去。但地理永遠和我們的夢想不同──唯一的例外是俄羅斯平原，那裡的一致性滿足了我們對整齊畫一的需求。洛澤爾峰山崩。我們不得不下山，離開隔離南部新教徒和北部天主教徒的山脊分界。

這兩天，我們經過以廢墟做路標的石灰岩地形。這些廢墟究竟令人憐憫，或是豔羨？我們輕鬆前進，除了找路及欣賞沿路收穫的成果──一顆榛果樹、一隻飛掠的鷸鷈、一座石砌穀倉──之外，沒別的事須掛心。這些就足以讓我們滿足。我們擺脫了機器管束。

機器管束是行為遺產、社會誘惑、政治影響、經濟負擔的總和，在我們不知不覺中決定我們的命運。機器管束支配著我們；暗中、狡猾地制約我們的行為，趁人不備時增強它的能力。有一種吸蟲會寄生在螞蟻身上，控制螞蟻的行動，讓牠們停在草上不動，和草一起成為草食動物的食物，而草食動物便成了吸蟲的最後宿主。吸蟲是螞蟻的管束機器。矽晶片是我們的吸蟲。我們每個人都心甘情願背負著控制我們生命的吸蟲，只是這些吸蟲轉變成科技處理器的形式。在巴布亞人代代相傳的世界觀中，精神世界與真實世界是交融的。這是他們的管束機器。我們的管束機器供應我們舒適、健康和充裕的食物，卻也將它的言論灌輸給我們，而且監視著我們。我們接受管束機器的資訊和宣傳，我們回應它的命令，它那些被喧鬧聲淡化的召喚讓我們無法招架。管束機器的言論也是一道管束機器。在黑暗道路上，我們沉浸在靜默之中，遠離管束機器。我走入的第一個森林提供我藏身處，那裡事事迷人，幾乎無法察覺也難以獲取：倉鴞在只剩下骨架的磨坊裡築巢，獵鷹攻擊嚙齒動物的巢穴，無足蜥蜴在樹根間跳舞。諸如此類的事物。它們有其重要性，但管束機器視而不見。

在村莊裡，我們在當地公家機構掛牌表示「水質未經檢驗」的噴泉前小睡。我們涉過溪谷，看到雨水打在藍色灰泥上；路過湖泊盤據的低谷，還看到幾家人在湖邊野餐。黑暗道路在起伏的小丘間有氣無力地伸展。芒德村後方的斜坡有片樹林，我們在坡頂度過一夜。隔天醒來，心情美好地聽著我們躲過的村莊喧囂聲，知道自己又撿到了一個露天的夜晚。我們活在生命的一個間隙中。

葛拉將他在西伯利亞森林的幾次旅行經驗告訴我。他由北往南徒步穿越俄羅斯遠東之地，秋天伴隨著他，朝低緯度南下[63]。護送森林進入冬日，形同為樹木送行。我為他

63 作者注：出自塞德里克．葛拉作品《冬日之路》（*L'Hiver aux trousses*），Stock出版社，二〇一五；Folio叢書第6100號，二〇一六。

講述我的季節理論：在秋天之前，樹林還是一整片，無法以眼睛分辨每棵樹。突然間，秋天來臨，點燃了火花。某棵生命週期較短的樹開始燃燒。林中點綴著一點一點的火把。每棵樹都獨具特色。隨著冬天來到，色彩再次熄滅。

巴賈克墓園的牆上有一塊碑：

「路人，停下腳步祈禱，這裡是逝者的墳墓。今天是我，明天會是你。」

對亡母的記憶如此向我無聲訴說。她的思緒常依附在某個影像伴隨著我：為什麼對逝者的回憶總會捲入一幕幕無害的景象，譬如隨風擺動的樹枝，或是山丘的輪廓？鬼魂就這麼現身。我本來戴著一只骷髏頭戒指，戴了好幾個月，摔傷後才被人摘下。骷髏頭後刻著拉丁語，意思和巴賈克的碑文相同：「我曾是你，你將是我。」我過了很久才理解了羅馬人在墓園入口刻文的意義；晚了兩千年。相信事物永恆，即是犯罪。春日早晨猶如曇花一現。我很久沒有待在自己想要的處境，處於「行動」之中。我享受的，是站在鄉間，走在自己選擇的路上。不管是黑暗，或是明亮。這是白列森夫人[64]站在她非洲的農場前所展露的崇高信念：「我在這裡，在我該在的地方。」這是生命中最重要、最簡單，也最容易被忽視的問題。

我們繞過老人家口中的那些「東西」——石灰岩地形表面的層疊小丘。這一帶的土地揉雜著村鎮設施的智慧和地勢的溫柔。我們在韋拉克差點渴死，村裡沒半個人，因為所有人都去擠奶，而我們找不到泉水。在夏斯宏，噴泉已經乾涸，我們看到一名老農夫。

「先生，請問噴泉沒水了嗎？」

「現在啊，農夫是王，他們想怎麼做就怎麼做。為了養乳牛，他們切斷了我童年的水源！」

他伸出一隻控訴的手指，指向鐵皮車棚下的一排曳引機。這一幕，彷彿紀念輝煌三十年的聖壇。我們這位老導遊似乎沒發現風向轉變了，即使對地主來說也一樣。

64 Mme Blixen，一八八五～一九六二，丹麥作家，筆名伊薩克・狄尼森，著有《遠離非洲》。

「那些人有補助金！兩個人擁有整座村子！」

「那您呢？」我問道。

「我們從前有間小農場，養了五十到一百隻母羊，還有個菜園，偶爾也打獵。但我母親將地都賣給了他們。」

他邀我們到他家門口，倒了兩升水給我們，然後說了「再會」。光停步這麼一會兒時間，我們便再次見識到法國鄉村近來的發展。

老檔案管理員鎮守著記憶寶窟的入口。遠一點，是一排龐畢度興盛時期的建築物，如今，破產的農人可以將脖子套進掛在橫梁上的繩套裡。村莊出口處有一座空蕩蕩的農場，它最好的命運，可能是被某個英國人買下來種藜麥。

我們到了赫梅茲高原北緣的山肩。下方，一片農場沿著逆衝斷層的邊緣往前延伸。馬爾沃若勒的燈光點綴著山谷的夜晚。月亮照亮了北邊的日沃當，徐徐穿過山谷上方的天空。我們收集荊棘生了一堆小火，想著十八世紀時，在雪堆後被野獸擄走的少女。明天，葛拉會搭上一艘前往北極出任務的白俄羅斯籍探險船，接著再回俄羅斯。踏上他自己的黑暗道路。

九月二十二日，奧布拉克

我的目標是中央高原，這地方是小鎮祕辛、奇特作家、神祕森林、奇岩走獸的地盤。在這裡，你可以抹除自己的痕跡。我現在必須朝北往上爬，和瑪格麗德的西側保持距離，這裡有一道切口，也就是「地中海」高速公路[65]。我滿懷信心，因為我認為，倘若在法國還能找到黑暗道路，那肯定就是這裡。

65 La Méridienne，亦稱貴妃椅高速公路，正式編號為A75。

離開馬爾沃若勒後，我的期望立刻有了回報。村子的西邊是綿延的夏姆高原，以花崗岩矮牆為界，切割出網格般的小塊草地。沒多久，雨水落下，我在迷宮中失去方向，但這裡的米諾陶諾斯[66]不過是眨著長長睫毛的漂亮母牛。

在大部分的石灰岩地形區，以樹籬圍出的小片土地因土地整合而破壞了網格。昂特雷納一名農場女主人向我解釋，一九七五年，A75高速公路的工地將殘餘的網格破壞殆盡。但整片夏姆高原文風不動，正是因為剛好遠離公路的軸線的緣故。農場女主人打開她的穀倉大門讓我進去，外頭下著滂沱大雨，我在頭燈的微弱光線下，和四隻瘦貓分享我的麵包，而牠們感謝我這頓晚餐之邀的方式，是讓我度過了沒有老鼠的夜晚。

每天早上，太陽會爬過雲層的障礙，費力越過網格。到了中午，陽光的威力爆發。在奧布拉克，猶如鞭子揮落的光束讓我回想起蒙古大草原。那裡是醉漢徒步旅行的夢想之地。在高原上，我直線行進，爬過籬笆（丟臉的巴黎人！），逕自穿過一群群牲口。有時，我會看到一塊大石頭躺在田地或平緩的山丘頂上，好似巨人遺落的大骰子。但那不過是暴露在地面上的大塊花崗岩。陽光下，連母牛的皮毛都反射出優美的光澤。在奧布拉克，人們稱牲口為「廣袤空間的生靈」，我以為這是為中亞民族所保留的名稱，而且遺憾自己未名列其中。我對著「奧布拉克之花」旅宿使勁揮手問好。昨夜雨水洗滌過的清新空氣在天上翻滾，昨夜的雨，是秋日的前奏。草地恍似遭到大風電擊，嗶靂作響，太陽轉動，帶著光子的大風捲走我暗鬱的思想。我越過沼澤，爬上山丘，沉醉在風光當中，幾小時後才抵達布呂耶爾村。一名眼神焦慮的老人拄著枴杖，呆滯地站在一座花崗岩十字架旁。他和我一樣臉部麻痺，五官變形。我的醜陋似乎讓他備感親近，因為他像和舊識聊天一樣向我攀談。我們面對面話起家常。

「我在巴黎住過一陣子，」他說：「還去了一名奧維涅人在狄德羅街開的小酒館工作。」

「啊，我知道，是那個年代兼賣煤炭的酒館……」我說。

66 Minotaure，希臘神話中的人身牛頭怪物。

三　黑暗道路

DES CHEMINS NOIRS

老人每說一句話，就舉起枴杖踱地，和保羅．李奧托[67]接受訪問時一樣，敲得砰砰響。

「後來我到巴黎大堂商場工作，退休後才回鄉。我的兒子們目前在養牛。」

「他們的工作順利嗎？」

「我覺得不好。」碰！碰！「但他們都回老家來了，幹得好。」

離開村莊時，我看到一面牌子上寫著「危險鄉村地帶」。這是要提醒駕駛人注意，還是警告從城裡返鄉的人，讓他們知道回家得面對多少難題？

我沿著陡峭的斜坡走向特呂耶爾河谷的方向。一九六〇年代，水庫淹沒了河谷，水面反射出清澄的金屬光。我穿過連接兩岸的吊橋，傍晚時分來到皮埃爾福，在這個城市入口附近一處地勢陡峭的森林裡過夜。這晚很特別，我至少十次以為自己會滾下斜坡，還在坡上做了整晚的夢。同樣的，這個白天我也過得很滿足。我和守著耶穌受難像的警衛聊了兩、三句話，在光線充裕的高原上耗盡體力，直到夜幕低垂才回到柏油道路上。這美好的一天要歸功於我所渴望的消失，是對抗自發性苦役的解毒劑。

九月二十五日，熔岩高地

事情不對勁。我在皮埃爾福的小酒館喝了幾杯黑咖啡抵抗昨夜的失眠，讀到《山》日報——亞歷山大．維亞拉特[68]早已不再為他們寫文章——心情隨即變差。這篇「數位化是強化創新的機會」從開頭就寫得很糟：沒有人知道文章裡在寫什麼。但所有地區當選人都在鼓掌。他們在米羅勒的議會集會，準備串聯各個鄉村，架設管束機器。報紙上還寫：「超高速網路能夠協助農村。」天哪！我想，讓導致商店關門的網路來拯救他們。「本地居民要求在開學前設置寬頻裝置。」這些村莊的某個村長在接受訪問時這麼說，而且十分高興地表示「中學全面數位化」的時代即將到來。學校將以梅爾莫茲[69]為名。

67 Paul Léautaud，一八七二～一九五六，法國作家、劇評家。
68 Alexandre Vialatte，一九〇一～一九七一，法國作家、評論家、藝術家。
69 Jean Mermoz，一九〇一～一九三六，法國飛行員。

沒有人補充說明這位航空界的神級人物曾經在安地斯山脈的一座山頭上，用一把扳手在四十八小時內修好自己的飛機，但這與高速網路完全無關；也沒有人提到在自己和世界之間架設螢幕無法解決任何問題。

太多咖啡，太多新聞，太多美好世界給的承諾，太多早晨在小酒館洶湧浪頭帶來太多的酸泡沫。我必須再出發，以大大的步伐來消融這苦澀的滋味。然後我還得告訴自己，倘若足以和斧頭劈開的勃艮第葡萄酒窖裡酒桶的葡萄酒流量相比，高速網路便是個可以接受的解決方案。

這一整天，我不是抱怨雲層太低——令人高興的似乎只剩下追捕田鼠的猛禽——就是抱怨小徑的變化無常。地圖上看似巧妙的路線，最終仍到了田裡成死胡同，這讓我滿肚子氣。國家地理研究所保留在地籍圖上的土地遭到農民強占。那些地主毫不遮掩，行政機關不再是顧忌，他們讓小徑淹沒在他們圈起的土地上。我在通往普拉德布克埡口的斜坡上，拿出地圖請教一名正在整理籬笆的農場主人。

「這不是私有地出入口。」我指著我正在尋找的路告訴他。

「您找不到這些路的，這地圖太舊了。」

「不對，這是今年新版。」

「那這些就是以前的小徑，現在都變了。」

近午，我來到耶穌受難像腳邊，站在陰影下。我做起復健師稱之為「伊斯蘭式」的柔軟操，坐在腳踝上俯下身子拉伸背部肌肉。在高原上，耶穌受難十字架出現的頻率漸增。在城市裡，羅伯斯比[70]的崇拜者呼籲徹底反對宗教教育。有些人號召，在公共場所不得出現聖誕節常見的馬槽裝飾。這些強悍的意志讓我印象深刻。他們知不知道在法

70 Maximilien Robespierre，一七五八～一七九四，法國大革命時期極具爭議的政治家。

國，數百座山峰上、上千萬個十字路口都立著十字架？在森林裡、在某些挖空的樹幹中，甚至在洞窟深處，聖人小雕像和夜行蜘蛛為鄰。曾經有登山客將繩套套在以花崗岩固定的鉛製聖母像上，好從山峰下行。幸好，這些理性思考的愛好者忙著閱讀拉瓦喬爾[71]，沒時間拿著鐵撬爬山。

若說我喜歡這些觀乎信仰的鐵製品，並不是因為我相信一神教的淒涼寓言，也不是因為我懷念神父的權威。我只是不喜歡大眾怪罪這些矗立的雕像或十字架。此外，在人類為了給自己的故事增添色彩而發明的象徵物中，我不認為十字架和聖母像名列最糟。倘若沒有可以原地栽種之物，就不該連根拔起既有的物件。這個原則，連國家林務局的小員工都懂得對不可知論者解釋。

71 Ravachol，一八五九～一八九二，法國無政府主義者。

四

暗影

LES OMBRES NOIRES

九月二十八日，康塔爾山

到了米拉，我不再獨行。余曼來和我會合。葛拉離開後，另一縷俄羅斯的風再次向我吹來。在我所有朋友中，阿諾．余曼是唯一不會在繫泊繩索上作弊的人。他直接砍斷繩索，沒有退路，就這樣在西伯利亞生活三十年。他的旅行原則是不帶行李，也不帶盧布，只累積回憶的寶藏。每次回法國，他都會驚訝地看到國人自以為在全球發光發熱。他在針葉林地帶的朋友或許是粗人，但至少他們唯一的野心是溫暖度過冬天。這讓人不那麼耽溺在普世價值中，但人們能夠更簡單地對話，度過更愉快的夜晚。遇到狂風驟雨，還能讓人不隨之哭嚎。余曼花了二十年，以無法解釋的頑強精神往來堪察加半島的海岸、阿穆爾河三角洲、雅庫特的針葉林和貝加爾湖的冰面。在勒拿河邊，他和一個他喚做塔妮烏什卡的女孩結婚，這點，他承認自己越了線。余曼這傢伙走路像熊，有雙湛藍的眼眸。

他伴著我走了幾天。他慣於在廣袤無邊且幾無變化的地方旅行，因此看到規畫後的精緻法國國土，不免大感興奮。我們離開以黑石著稱的米拉，往上朝康塔爾山爬了十五公里。山上的雲海讓余曼興致高昂。他熱愛能隱蔽這個世界的一切，像是雲、距離和伏特加。接著，我們下山，走到超級利奧蘭滑雪站。滑雪站的設施切割了山坡地。對於眼前的景觀，余曼並不覺得陌生，畢竟他早習慣了俄羅斯對空間的規畫。

為什麼是下午兩點？為什麼在這裡，而不是他處？我們平靜地坐在滑雪站水泥建築陰影下的草地上，啃著麵包當午餐。這時，我驀然湧上想死的渴望。這波渴望來得很慢，猶如直指天際的邪惡咒語，像是侵蝕生命的黑點，也像在海面散開的墨汁。我恢復自持後，想起一名住在瓦勒迪澤爾的女性友人。她告訴過我，她曾經駕駛帆船穿越大西洋，在大海上，她看到一尾不會傷人的鯨鯊浮到水面。這一幕讓她陶醉到失去了所有本能反應。我感受到的黑暗來自我最深沉的內心，像一頭野獸，但不是美麗的海洋動物，而是可怕的野獸；是癲癇，是黑色的惡。

我頭骨的裂縫助長了急性發作。我在載著我前往歐里亞克的救護車上，恢復了意識，車子急轉彎之際，正好瞥見余曼這好傢伙低頭看我。

「你剛剛在草地上痙攣。」他說。

「每次發作都不會太久。」

「話雖如此，還是持續了三十分鐘。」

「看起來很糟……」

「確實很糟。」

「那是因為我們在火山熔岩區。」我說：「玄武岩下有火。土地不祥地跳動。在火山地帶，癲癇發作可能送命。」

「話都是你在說……」余曼說。

九月二十九日

我在歐里亞克的醫院度過一夜，隔天早上十點，神經科醫師才放我自由。我必須再次上路，驅散陰影，到達海邊，在斷崖高處拋下一年前那一摔遺留的毒害。我召喚黑暗道路為我淬煉出它們的珍饈美饌，而且我要的愈來愈多。我曾經請求黑暗道路為我在法國農村闢出一條路，將我藏起，讓我重新站起來。現在，它們得為我清理癲癇留下的墨痕。如此，我才能確信這趟旅程的神奇之處，結束旅程代表我徹底痊癒，讓它實踐承諾才是最好的良藥。

醫生沒有正式禁止我徒步旅行，但也沒有強烈建議。有時候，醫生也是頂尖的外交官。而我呢，我則想起了維亞拉特說的：「蝸牛絕不退縮。」這話是艱難時刻的處方。

我們搭計程車離開醫院，回到我癲癇發作的地方。我們在中午來到帕德佩羅爾的山徑，一連走了七小時，到晚上才抵達一個牲口散布、幾棟石屋錯落的高原。高原上的空氣瘋狂又傲慢。狂風將拳頭打在草地上，吹亂了金髮般的野草，擾亂平靜的天空。康塔爾山的幾座高峰恰似一條正弦曲線圍住風景。離開陰暗的神經科病房後，我覺得生氣飽滿，因為我終於再度上路。這是一種極致純淨的感覺。我們在樹林停下腳步。樹林裡，昏暗的光束像是一道道線條。余曼是個完美的朋友，他搭的帳篷對於受過震盪的大腦再理想不過：柔軟的苔蘚地，拉斐爾前派畫風中的光線，以樹根為桌的晚餐，再加上不住嗚嗚嗚叫的友善貓頭鷹。我們在牠們閃亮的雙眼下睡去。

九月三十日，穿過阿爾坦斯

在老樹下度過涼爽的一夜帶來了奇蹟。我在松樹腳下醒來，內心充滿嶄新的興奮之情。樹木是不是會將自身的力量傳遞給睡在它腳下的有機生物？畢竟，和某些生物相鄰可以帶來益處，也許樹木就是如此？

我們花了好幾個小時打開又關上柵欄，以便穿越原野。鼴鼠回到自己的地道，猛禽緊盯不放。針葉林保持空氣清新。小徑消失在混合林中，在石牆後。對蕨類而言，秋天是大獲全勝的季節：它們染成一片紅，是最早承認夏日節慶已經結束的植物；至於樹木呢，還在堅持。暴露在地面的花崗岩上覆蓋著青苔，從不吝嗇比對的觀光局於此得到靈感，稱這個地區為「小斯堪地那維亞」。但我們穿過安靜的村中時，倒是沒遇見任何穿迷你短褲的瑞典女人。

孔達的氣氛凝重，就像宣布了國殤。這五十年來，這些小地方究竟出了什麼事？

「不說，還以為是俄國人來了呢。」余曼說。

通過這些村莊的感覺，像是經過一排降半旗的房子。這片屋舍若不是門窗緊閉就是要出售，而想出售的又找不到買主。逝者的紀念碑上都有輝煌的名字，我們覺得，街上所剩無幾的幾個活人應該很快也會加入那個行列。生意最好的店面是美容院。這些櫥窗似乎在說：「既然要棄船，乾脆美美的離開。」至少自戀還能維持景氣。我們置身在失落的國度中心，在所謂「偏鄉」的灰色地帶。這片荒漠的居民相信巴黎聽不見他們的聲音。最近的人口外流，也清空了這個地方。在澳洲，有一種胸甲透著淡紅色的華麗黃蜂叫做蛛蜂。蛛蜂會將卵產在活狼蛛體內，幼蟲成長時便由內吞食宿主。輝煌的經濟、工業化的農業和大獲全勝的都市化這三重管束機器，正是鄉村的蛛蜂。

癲癇會不會是來自憂鬱？這個想法讓我焦慮。我告訴余曼，我們必須快點找到一條林蔭小路，回到樹林中，回到溪流旁，離開這個灰敗的地區。

余曼相信我正在轉變成念舊的人。

「你老了。」他告訴我。

「所以呢？」我回答。

難道他不覺得，比起一個街上閃著美甲招牌的村莊，一個有著鬧哄哄樂團和牲畜哞叫聲的小鎮更富詩意嗎？在此之前，我是守舊思想的敵人。我擔心自己過時、陳腐，一向視懷舊為可恥的疾病，比肝硬化更糟。至少，作為放浪夜晚的代價，肝硬化還是有可取之處。我強迫自己相信，地理學家皮耶・喬治[72]描述的「山丘法國」是一段記憶，或更糟的，是一個夢想。我還有個無法反駁的論點：在賀拉斯[73]、盧梭、內瓦爾[74]和李維史陀[75]的作品中都找得到對時間推移的哀嘆，證明懷舊不過是一種老年期的口吃，是對青春年華的懊悔。相反的，時代的跳動，才會讓天才為之興奮。看看考克多！他點燃新的火堆，鼓掌歡迎火山爆發。然而，過去幾個月改變了我，在鄉下短暫的徒步旅行推進了我改變的速度。承認自己懷念從前不知道的一切不再讓我覺得羞恥。我知道自己喜歡單寧的酸香，喜歡那些曬紅的臉龐，喜歡穀倉橫梁下的長木桌。我愛事物的本質，愛物品的樂章，愛那些在燈火通明的夜晚許下的諾言。而我在走廊上聽不見這首世界之歌。建立事物的階級是否不妥？是否該偏愛胡奈爾[76]的法國——即便是想像中的國度——而不是一排排死寂的房舍？

度過多爾多涅河後，我們來到一處農場敲門要水。農場主人請我們在木桌邊喝咖啡，余曼和主人聊起俄國的森林和寒冬。農場主人則告訴我們一個我聽過的故事：某人在鄉下度過童年後到都市生活，年老後，才回到幾乎被抹滅的老家。這時他的家門打開。「是我的兒子。」我們的主人說。

一個穿藍衣服的男人無聲地朝我們打招呼，親吻他父親的雙頰。光禿禿的燈泡搖搖

72 Pierre George，一九〇九～二〇〇六，法國地理學家。
73 Horace，西元前六五年～西元前八年，古羅馬詩人、評論家、翻譯家。
74 Gérard de Nerva，一八〇八～一八五五，法國詩人、散文家、翻譯家，浪漫文學代表人物。
75 Claude Lévi-Strauss，一九〇八～二〇〇九，法國人類學家。
76 Gaston Roupnel，一八七一～一九四六，法國歷史學家，鄉村主義、地方主義者。

晃晃，在他臉龐投下陰影。

「你們看，我本來是農家子弟，現在成了農家子弟的父親。」老人說。

兩者間，是一整個人生。「我小時候家裡只靠四、五頭母牛過活，每天製作三塊聖奈克泰爾乳酪。他們現在的產量是一百五十塊。」

我從來沒研究過，不了解這個現象的發展過程，也不具備足夠的知識來分析這件事。但是我能感覺我們的主人提出了一個重點：感覺自己不再像從前一樣優雅地住在大地這艘船上，而這種感覺，來自以發展為基礎的紛亂。突然間，一切都過剩。生產過剩，往來過剩，能量過剩。

要是在大腦，這會引發癲癇。

在歷史上，這叫做規格化。

在社會裡，這會引向危機。

十月三日，經過于塞勒

余曼在于塞勒和我分道揚鑣，他要回到他心愛的俄羅斯。在月臺上，他朝我說的最後一句話是：「我不能錯過下午兩點五十分，從于塞勒前往伊爾庫次克的列車。」我借道森林和牧草地再往北走。我在森林裡沒有休息，林邊的蒼鷺啪嗒啪嗒地往上飛。我連續走了六個小時。雨水驅趕著我，讓我不停下腳步；這雨下得很大，雨滴間沒有多少空隙。到了拉庫爾坦，幾名軍警將我攔了下來。

「麻煩您，我們要看您的證件。」

「哈！現在的軍警真客氣。」我邊想，邊在背包裡翻找。這兩名軍警說什麼都要載我到兩百公尺外的小旅館。我很尷尬，因為這形同公器私用。經歷過救護車的運送後，這是我第二次搭上公家車輛。小旅館的女老闆不友善地看著我。沒有任何旅館老闆會喜歡從警車下來的顧客。

第二天，我聽到森林裡傳來射擊練習的槍聲，這才明白軍警的熱忱從何而來。拉庫爾坦森林的山谷美則美矣，但森林裡駐紮著軍警，禁止外人進入。我猜，森林裡多半只剩下蠑螈、倉鴞和所有能躲過一百二十釐米迫擊砲的動物。

我經常躺在田野間睡覺。雨水不會立刻吵醒我，要等到衣服被雨水淋溼、寒意浸透骨頭，我才會張開眼睛。這證明了在田裡睡覺的品質。我在無酒自醉的狀況下穿過克勒茲，癲癇藥物害我頭腦不清，再加上我服用了防止心臟出現併發症的秋水仙鹼和舒緩腿部疼痛的止痛藥。我在自己的人生中放了一把火，燒壞了血管，但我跳起來逃離火災現場。而現在，有了藥物控制全身發炎，我拖著腳步走在小路上。「試著別掉下水。」我走過溪流上方的小橋時心想：「這麼一來，這個地區可以躲掉一場化學汙染。」

十月五日，在米勒瓦什高原上

這幾天氣氛低迷，沒有普羅旺斯的光子，也沒有穿過山巒的熱切。幾座拉上百葉窗的城堡冠在小丘頂端，仿如《失落的莊園》[77]的布景，布幔後躲著臉紅的表姊妹。我在丘陵間找到寧靜的小徑。田野間的馬匹看到我立刻跑開，這證明牠們見過的人不多，只是在孤獨的時光裡抓住短暫的友誼。山谷溼潤溫軟，是起伏地勢的性器官。蟾蜍躲在低陷處，保持警戒。揚起的風拂過森林。我穿梭在與維達・德・拉布朗敘[78]圖表相稱的鄉村和荒廢村莊之間。在無人的街道上，我提出大海遇難者躺在板子上，在海面醒來時會問的問題：人都到哪裡去了？我穿過一個叫做「奇異馬尼亞」的村子，這村名吸引了我，但我私心覺得這地方更像是「遺棄馬尼亞」。

77 *Le Grand Meaulnes*，法國作家傅尼葉（Alain Fournier）唯一一部小說。
78 Vidal de La Blache，一八四五～一九一八，法國地理學家。

偶爾，在這些光禿禿的山上也會有與人口外移抗衡的麵包店。這類商店兼具雜貨店、郵局和菸草鋪的功能。某些麵包店的貨品還不如蘇聯時代的摩爾多瓦商店豐富，只有一盒鮪魚罐頭、一罐朝鮮薊心、一些草莓軟糖和電池。在庫尼亞，女店主早上十點接到電話，只回道：「沒有，麵包賣完了，店裡剩一塊派餅。」真是貧困的對話！

玻里尼西亞環礁上也曾有這樣的小店，海上遊民下了破舊的小船，會過來喝點蘭姆酒，探問世事，趁機買桶引擎用的汽油和幾公尺纜繩。這裡，在利穆贊地區，最諷刺的是這樣的小店必須靠歐盟的贊助生存。門窗緊閉的市政廳前升起的是歐盟的旗幟。切割古老法國國土的屠夫正忙著縫合鄉村的屍體，當年，造成這地方死亡的正是他們自己。

十月七日，途經上馬許

有時，在兩段糾結不清的黑暗道路之間，我會離開森林，在馬路上走個三、四公里。這不汽車駕駛打著手勢，彷彿要撣去路上的髒東西，或者有時更糟，他們會猛掀喇叭。這不公平，因為比起步行，汽車內燃機直到最近才搶下絕對優勢。行人也該享有歷史優先權。

為了過冬，穀倉裡已經備妥一捆捆乾草。這批乾草讓我聯想到東方的糕點盛宴。到了穆爾辛，我先在教堂的階梯上偷偷睡了一會兒，接著才找家小酒館喝點肉湯，因為我再也沒有灌烈酒虐待自己的權力。

再會了，啤酒！再會了，葡萄酒！再會了，我的酒精歲月！推開小酒館的門，裡頭的常客往往會轉頭看我，雖然不帶惡意，但難免一臉驚訝。是因為我歪斜的臉孔還是裝束？我點了一碗湯，身上背著背包，嘴巴歪斜，手持登山杖，簡言之，就是個觀光客。有個面前擺著啤酒的客人問我從哪裡來，我回答「從巴黎」後，馬上察覺到鄉下人對都市人的訕笑，對此，都市人經常回以不屑。我不禁懷念起在義大利托斯卡尼的時光，當時陪伴我的是碧翠絲．馮．瑞佐利男爵夫人，她是佛羅倫斯一座橄欖園的主人。有一次，我開車帶碧翠絲到村裡的榨油場，從聖瑪德蓮娜來的好幾噸橄欖正準備送進機器裡壓榨。碧翠絲非常熟悉生產過程，親自在場監督，晚上十一點鐘還怡然置身在一群農夫之間，像是伴著一群大使用晚餐般自在。在金閃閃的甜美氣味中，我見證了生活中君王和土地上農人間猶如近親的交流，見證了尚未被社會鬥爭撕裂的光明情誼。總之，就是一場浪漫的夢。

十月九日，在克勒茲

我在開闊的天空下大步前行。我養成了一個習慣，建立起一道我想推薦給所有矮樹叢步行者的儀式。我會突然衝向森林圍起的草地，像對著最後一排士兵喊口號一樣，大聲吼出：「是誰在看守森林邊界？」有時，我真的趕出了受驚的小鹿、野雉、野兔或是笨拙飛撲而起的禽鳥，這證明我沒有白白呼喊，這個王國仍然有邊防，有勇敢的哨兵看守。森林邊緣，是不同帝國的城牆。

我經過艾哈，這個迷人的小鎮住了許多荷蘭人，他們在陽臺上種很多花；阿富汗西部有個城市也叫艾哈，當地的婦人會以自焚逃避可蘭經的地獄。我心想，地名真是一門奇特的學問，將相同的名稱分別給了迷人的小鎮和受詛咒的城市。更仔細想，或許是人們沒有按照他們選擇的法律來創造幸福的條件。

一名頭戴草帽的男人在自己的花園裡向我打招呼。他來自阿姆斯特丹。「我們移居此地，因為人都走光了。鎮上只剩下一個被遺棄的老婦人，我們會幫她準備餐點。」多麼好的一課！這些來自北方的基督教徒在退休後，找到了實踐社會民主美德之道。他們的作法可以稱為：人道主義與第二住宅。

在轉為金色的森林中，山梨樹是點綴其間的紅色。纍纍果實將蘋果樹的枝條往下拽，這群果樹的姿態十足日本風，為金色森林添了紅潤的光彩。渠道旁，林木的樹葉被風吹落，一片片飄墜而下的樹葉，像極了克林姆畫中的圖樣。倘若可能，我願意以一根腳趾換得和羅浮宮學院教授並肩漫步的機會，只要我往哪裡看，他就會為我上一堂風景畫歷史的課。歐洲畫家為什麼花了那麼久時間才離開他們的畫室，將畫布架在野外？為什麼他們那麼晚才將世界帶入他們的畫裡？或許，在閣樓裡隨時準備脫下衣服當模特兒的漂亮女郎，讓他們傾向待在家中。

很長一段時間，宗教畫是官方唯一允許的主題。中世紀的人類屬於上帝，畫作只能表達神聖的精神。直到文藝復興解放了靈感。法蘭德斯地區的畫家畫下他們的鄉村景色。老布勒哲爾曾經以溜冰的人和小鴨作為繪畫主題。在他之前，某些畫家成功閃避教會限制，發展出**景觀畫**：他們在神聖的場景中設法畫進一扇窗戶，開向遠方的風景。比方說，抱著小耶穌的聖母瑪利亞坐在畫框內的窗扉下，窗外就是蜿蜒的河流。文藝復興時期的義大利巨匠伯納迪諾・盧伊尼[79]畫過聖母瑪利亞和聖麗莎並肩而坐，分別抱著比例巨大的小耶穌和還是個胖嬰兒的施洗者聖約翰。幾個主人翁坐在茂密的森林前方，觀者幾乎可以聽見樹枝的摩娑聲。在我想像中，小耶穌必定願意和小夥伴跑進森林裡扮印第安人遊玩。我找到逃進黑暗道路的新動力：擺脫常規，透過景觀畫進入背景中的森林。

在維古朗村北方幾公里處，我終於走到期待中的裂口。爬上通過坑窪的幾公里山坡後，平原在我眼前展開。地平線訴說著許諾，仁慈的天空遮蓋整幕大地。我從利穆贊來到中央區，從克勒茲進入安德爾省，孕育了幾位法國總統、由陰暗峽谷切割出來的花崗岩城堡地形就此告終。我脫離了中央高原。哦，這裡還不是皇家的法國，還沒到領主的平原、獵物豐富的羅亞爾河區。但我已經來到備受祝福的貝里。這一帶，農人的眉頭不

79 Berardino Luini，一四八〇～一五三二，義大利畫家，達文西的學生與助手畫師。

會鎖得那麼緊，土壤沒那麼嚴苛，荊棘沒那麼茂盛，蛇對自己的權利更沒那麼確定。從這裡開始，我的路線要修正，改朝科唐坦半島所在的西北而去，離開政府報告中嚴格定下的「偏鄉」地帶。要是我遵照報告中的分類，我應該經過阿列省、涅夫勒省和約納省朝阿登省而去。在更現代化、雅各賓主義[80]更盛行的地帶尋找黑暗道路，會讓事情更複雜。我必須更仔細檢視這些地方，找出我的藏身地。

根據地理心理學，開放空間可以帶給我嶄新的活力，而地勢決定我的情緒。

十月十日，南布瓦紹地區

所以說，這就是平原。樹籬消失了，農田不再圈起。在法國的中心點，迷宮大大敞開。村鎮聚在一起，我沿著長長的林蔭道路或田邊往前走，歌曲自然而然由口中流洩而出。這些歌曲花了好幾個月的時間，才從我打結的喉嚨為自己清出一條通道。

在開放式田地裡的農夫必須協力完成工作；換作是以樹籬或矮牆隔開的小塊田地，一家人就有能力自行處理。一位專精爬梳理論的社會學家得到了結論：農業制度決定政治選擇。他認為，耕作小塊田地可以讓人變得更大器。要是農夫成天關在樹籬間的田地，那麼他會樂於接待陌生人，來打破孤寂感；那些在開放式田地工作的人呢，則會因為外人湧入而失去所有。於是他們夢想城牆，因為他們沒有任何防禦。而前者擁有自己的城堡，還可以在桌邊多擺一副餐具，等候來訪的窮苦人。總而言之，全球化帶給平原的傷害，遠比在矮牆後來得嚴重。

曳引機駕駛忙著播種。這些人在家裡的日子肯定不好過，才會願意在同一塊田地上不停來回。只有舒伯特——還是貝多芬？——相信田裡的工作很愉快。他們也許很有內

80 Jacobine，在今日法國，一般指共和政府的擁護者。

涵，但加足馬力犁好幾公里的田，並不會讓人變得快活。無論他們到哪裡，後面都跟著一群飛來搶食蚯蚓的鳥。

「看起來好像跟在拖網漁船後的塘鵝。」達芬妮說。

昨晚，我妹妹到拉沙特爾和我會合。我答應她，接下來會是平和的行程。我說，夜晚很溫柔，路程不長，夜宿舒適。如果有必要，她第二天就可以回巴黎。

「我從來沒在戶外過夜。」我們見面時，她這麼提醒我。

「我們會找塊舒適的空地，生火準備晚餐，妳會比住在威尼斯總督宮還舒服。」

傍晚，就在我們抵達利斯城堡前，我們向一名老婦人問路，聊著聊著，不知怎地談起村裡古老的洗衣場。

「從前，我會和一群女人去敲打衣服，直到有了洗衣機。但我還是幾乎每天走去洗衣場回味過去。」

我在夜幕低垂前找到了城堡的森林。林木提供良好的庇蔭，林地平坦，我幫達芬妮搭起帳篷。營火上烤著麵包，氣氛寧靜，一切堪稱完美。沒想到牠們選擇在這個時刻進攻。我在各種海拔的戶外平安度過上千個夜晚，唯有為我妹妹悉心安排的這一晚，淪為幽靈列車來訪之夜。我起的營火正好在黃蜂窩正上方。黃蜂在黑暗中嗡嗡作響，鑽進我的頭髮，在營火邊轉了兩、三圈後，像朝美軍太平洋艦隊俯衝的日本「零式」自殺戰機一樣衝進火裡直接燒焦。其實，我們只要待著不動就好，但達芬妮選擇尖叫著跑進帳篷裡。她躲進睡袋，裡面碰巧有隻蜘蛛等著她。黃蜂這時也鑽進雙層帳篷，情況一發不可收拾。一小時後，我認為自己有必要提醒妹妹，引來林中回聲的聲音並非來自穿著白衣的半瘋小女孩，而是倉鴞的呼聲。

十月十一日，安德爾省

時光在中央區的森林裡流逝。在這裡，循著黑暗道路前進，代表我必須連結起高盧時代原始森林的小島——這些地方還有倖存的珊瑚礁。上方，如穹頂的樹梢落下黃色的眼淚。空氣中瀰漫著苔蘚和神祕的潮溼氣味。我遇見了馬背上的騎士、鹿和獵人。獵人為了取得狩獵許可而學得的知識，只讓他們有能力分辨前兩者的不同。

在兩座森林間，我對著母牛發出愛的呼喊，偶爾會聽到哞的回應。

到了聖塞韋爾，我在油亮的陽光下讀報。全球各地的新聞並沒有比平時更糟。畢竟，當阿提拉[81]領著匈奴人在羅亞爾河畔登陸時，情況應該不比今日更令人稱羨。

安德爾河在阿爾當泰緩慢但有力地流動，河面上飄著金黃色的樹葉。秋日在河流上以豹紋圖案作畫。凝視水流讓我想起些許靜謐的回憶。河流會懷念它們的源頭嗎？

離開小鎮時，我找了間小酒館，進去點了一碗湯。

「您要往哪裡去？」老闆娘問我。

「沙托魯，要走過去。」

「路程很遠，那別喝肉湯。肉湯會讓你想睡。」

「那我該喝什麼？」

「啤酒。」

「沒辦法。」我說：「我在吃藥。」

我心想，可能的話，我真想喝幾杯白葡萄酒，好去感覺我體內那片友善的空虛逐漸擴大。我會靠在吧檯邊，看著我的思緒成形，化為嘉年華會裡的小人物。我會和同樣靠在吧檯的客人聊天，他們會成為我的血肉兄弟，因為同樣的成分灌溉著我們的血。礦泉水和肉湯剝奪了這種兄弟之情。儘管我沒喝酒，但有個酒客仍想給我建議：

81 Attila，約四〇六～四五三，古歐亞大陸最為人所知的匈人領袖，曾兩次橫渡多瑙河掠奪巴爾幹半島，而後入侵東羅馬帝國。

「還是喝吧！搭巴士過去。」

十月十二日，在沙托魯的香檳區

我在沙托魯的旅館落腳。沙托魯的旅館！這句子讓我依稀想起輕喜劇裡的提詞，每次回想這段插曲，我就覺得自己成了拉比什[82]筆下的中產階級。

我的朋友托瑪．葛瓦克在凌晨背著背包抵達車站，我們沒有拖延，立刻沿著安德爾河，穿過空蕩蕩的街道離開這個城市。

葛瓦克的父親剛過世。他要和我一起走幾天，藉徒步忘記傷痛，再次組起我們這已有十年歷史的行進隊伍。

「兄弟！時光不再了。」我說。

「為什麼這麼說？」

「十年了，我們兩個從喀布爾到加德滿都，最後竟然來到沙托魯，真是悲慘！」

托瑪是攝影師，為了新聞報導，他到過六十個國家，尤其喜歡東南亞。從前我們經常在戈壁大沙漠、西藏高原或貝加爾湖畔碰面。而安德爾河呢？這是頭一遭。

第一天我們就走了四十公里，晚上在離沙托魯不遠處露營。我們調整回原來的步調，這個步調強而有力，但若在陰影下，我們就必須迂迴前進。

我們在白楊樹下提到了死者，他父親，我母親。我們取得慰藉的管道不同。他有上帝，而我有世界就滿足了。何者比較有幫助？是相信天堂的永恆，還是在大自然起伏中尋找死者的影子？在這一點上，我們談了許多，但兩人間有無法跨越的鴻溝。我喜歡想像：有時，我對母親的回憶會投射在池塘上；而他呢，他知道自己的父親安詳地待在他

82 Eugène Labiche，一八一五～一八八八，法國喜劇作家。

終究也會去的地方。我們都不打算說服彼此。

我們穿過碎石平原。山坡的坡面往天空傾斜，為光線提供了一道漂亮又肥沃的平面。空氣中飄著蘑菇培養場的味道，風景和香檳區相仿。

我們沿著安德爾河連續走了四天。絲緞般的河水蜿蜒穿過白楊樹林和柳樹叢。我們捕捉到河流之美；河水在光線下閃閃發光，遇見陰影便向內縮，忽而出現，忽而隱藏。我們在小島上、在樹下尋找理想的營地。我幾乎要擔心起我們是不是會打擾到守護天使。我們以樹根當餐桌，樹皮上還停著一身藍色絲絨肌膚、正在酣睡的蠑螈。我們找隱蔽處生火，免得增加農人對吉普賽人的憂心。葛瓦克將接骨木樹枝削成木籤串起香腸烤著吃，我們現在知道俄羅斯人為什麼那麼喜歡在森林裡烤肉，因為露營是一種逃離。你可以自在地喝到酩酊大醉，沒有任何人會聽見你們談話。烤肉和自由！露營是奢侈的享受，會讓日後在皇宮裡的夜晚難以忍受。

白天，我們到沉睡中的村子裡找小店家。在這裡要找咖啡館，好比在北非摩洛哥的瓦爾札札特尋找綠洲。安德爾河畔的克利翁和維勒迪約飽受摧殘，命運讓國道高速公路劃過這兩座小村，好比在鄉村的肥肉上放血。一輛又一輛三十三噸的卡車穿過空蕩蕩的平緩斜坡。

在維爾迪歐，十九世紀教堂的三角牆上寫著幾個黑字：「法蘭西共和國」。「混蛋孔布神父[83]。」葛瓦克說。

在克利翁，我們看到市政廳前掛著布條，上面寫著：「農村人是共和國的次等公民。」「這是反對地方行政區合併的口號。行政區一合併，小商家就會消失。」葛瓦克說。這個地區恍似陷入垂死邊緣，不肯換氣。時間洗了牌，歷史往前進，老舊的體制崩潰。在鄉村就像在國家高層一樣，制度不再穩定。人們不會預見過後續的發展。中庸不

83 Émile Combes，一八三五～一九二一，一九〇二至〇五年間曾任法國總理，原習神學，但隨後放棄擔任神職人員，因此人稱孔布神父。任職總理期間，法國朝政教分離踏出了第一步。

是個讓人愉快的狀態，似乎沒人能安心活在菲利普．K．狄克[84]的小說中。如今，想度過迷人的夜晚，只剩下森林；想稍微開心一點，只能踏上黑暗道路。

連通洛什和沙托魯的鐵道在一九七〇年便已廢棄，鐵軌一會兒在河左岸，一會兒在右岸。我們沿著鐵軌走了幾公里，驚動了樹叢中的燕雀，穿過戰後搭蓋在安德爾河上的金屬橋。我們笨拙地走在鐵道枕木上，行經樹林，朝北方去。荊棘纏繞著鐵軌，率先征服荒地的就是這些東西。進入荊棘叢中，我不由得另眼相看，對長刺的植物充滿敬佩。

「我比較喜歡耕作田地的文化，隨你怎麼想。」葛瓦克說。

這是神奇的一刻：小路失去蹤跡，我們卻很滿意，因為這條路沒帶給我們希望，只有豐沛的夢想。

在安德爾河畔的博立厄和阿澤，河水舒展輕撫。我們在凌晨時分被（當然是匿名的）烏鴉吵醒，再次走進田野。田野給我們溫柔甜美的印象，彷彿藏著睿智的祕密和疏遠的慵懶，這裡是適合羞怯鳥類的國度。水流帶著愛意，優雅地撫過河岸。唯一的例外是，鼩鼱聞到麵包的香味太激動，大膽爬到我們的背包上。交談又讓我們回到各自的執念：黑暗道路。葛瓦克明白黑暗道路有時會延伸到地圖之外，在我們下方鑿出通道。獨自建造一座修道院很難，可一旦拉開通往內部的地下墓穴的活門，底下也就夠住了。人們自我封閉的實驗總是讓我著迷。當然了，為了改變世界而投身其中的人會吸引我，但最終我會猶豫，因為這群人到最後總是會表現出自滿的態度。他們四處演講，建立理論，鼓動群眾——他們選擇的是光明道路。將生命當成階梯來看好了，我偏愛的是緩慢登上階梯走到頂端的燈塔守燈員；而不是為了得到掌聲，而在滿天羽毛中走下階梯的舞者。

逃離世界的方法有成千上萬種。舊石器時代的某個人是逃離的始祖。我想像他站起

84 Philip K. Dick，一九二八～一九八二，美國科幻小說家，電影《銀翼殺手》即改編自其同名著作。

身，離開營火的火光範圍，永遠消失在草原上，雖然面對威脅，但得到了自由。後來，歷史上出現過太多次相同的實驗。皇港修道院是最高尚、最完善的抽身之途。這座熙篤會修道院很舒適，一切就緒，還按時提供餐點。躲進書房最樸實：只要樂於學問，有間書房即可。藝術工作坊最富教養：藝術家只需隱居起來，為後代留下一件作品。避居山林是享樂主義之道：厭煩了就去攀登嚴峻的北坡，展示優美的姿態。隱居洞穴——在西元四世紀，人還吞食蜥蜴的年代——最痛苦。在高山上牧羊最浪漫。林間小屋最讓人返老還童。帝國前線的殖民地堡壘最優雅。最危險的是成立農場公社，因為國家不喜歡異議分子的孤島。作家伊麗莎白・巴里耶[85]才展示了最新的方式：她聲稱自己的半聾「迫使她進行深度冒險」。至於遭受世界的醜陋打擊的人類，只能視而不見。

這批遁世者藉由他們的黑暗道路走進孤獨。他們拒絕累積物件，反對將世界投映在螢幕上。塔爾納克的無政府主義分子、俄羅斯的東正教長老、法屬西非的駱駝騎士也許不能接受彼此之間的對話。然而他們有相似之處：他們不討厭住沙漠，體型瘦削，而且明白敵人會從虛無中出現。

葛瓦克在安德爾河畔的圖爾南邊和我分開，在涼爽的天空下，我繼續往北走。空氣戴著蠟燭熄滅和灰貓毛皮的味道：這是秋天的氣味。粉嫩的光線為田地添加了一層蛋白霜。比起出發時，我的腳步輕快許多。步行帶來了療效。步行帶來我所需要但難以維持的寶藏：節奏。有時，我會大口呼吸田野上方的空氣。一個人可能像灌多了好酒那樣，因為經過黑夜洗滌草地的香氣而醉倒嗎？修剪過的青草香讓人興奮，那是土壤的呼吸，而我仍然能夠在上面行走。在安德爾河畔阿澤的旅社裡，我讀到一個圭亞納囚犯的故事。故事中，受刑人重複著同樣的句子：「過去背叛了我，現在折磨著我，未來教我驚嚇。」在林中步行掃除了這些恐懼。換作我，我會重寫這個老調：「過去壓迫我，現在療癒我，而我對未來毫不掛懷。」

85 Elisabeth Barillé，法國作家。

五 朝大海去

VERS LA MER

十月十七日，在香平尼

路過特呂伊埃後，我穿過一塊塊小林地，尋找黑色道路的遺蹤。在灌木叢中穿梭，是動物的命運。在手持石斧開闢路徑的時代來臨之前，我們的祖先經歷過危險的旅程，以洞穴為躲藏地，在土狼盤據、猶如大海中的森林蹦跳。接著，人類征服了世界，方程式逆轉；從此之後，森林破碎成塊，輪到動物在開放空間裡尋找尚存的藏身之地。群島般的黑暗森林於焉形成。

這個地區平緩，熟悉且宜人，沒有維蘇比河流域石灰岩雕刻地形那麼陡峭，散布著砂質小徑，整個地勢就像被掌心撫觸過。我路過了熟悉的村鎮，這些村鎮沉睡在自己的回憶中。這裡沒有猛烈的陽光，也沒有普羅旺斯易怒的自然空氣。我知道自己就要抵達海邊。

禁獵保護區的路線很複雜。國家地理研究所沒有標示出所有的私人道路。我往往受圍籬和告示板所阻：「私人土地」。我隨著小鹿的足跡穿越林地，但小徑上冷不防出現一道圍籬，上頭清楚寫著「嚴禁進入，最後警告」。真是的！自從聖女貞德橫掃這片地區之後，這種告示在都蘭省一點都不有趣。

在我路過一片以鐵絲網圍起的土地，看到告示上寫著「果園監看中」後，我立刻明白自己已經踏入都市範疇。離圖爾不遠了。城市就像星球，它們的引力會吸引流星，當你靠得太近，就會被捲進亂流層。我只需要從武夫賴越過羅亞爾河抵達莫奈就好。

安德爾河和謝爾河之間的平原散落在住宅區、車棚和圓環。我在這些城市設施之間徒步了兩個月，試著避而不見。這次我沒能辦到。黑暗道路至少有這個優點：它們蜿蜒地繞開土地占有計畫的贅疣。人類真可笑，竟以為土地需要整治，還有人說要增強現實。也許有一天他們會負責照亮太陽？

十月十八日，羅亞爾河上

走向謝爾河的過程好比一場拉力賽。鐵道和國道從東到西，沿著河流開展，是人類流動文明的神經細胞軸索。這個時代的大事，是迅速且大量地移動。而我呢，徒步由南向北，與運輸路線成垂直角度。在接下來的幾小時，我又要路過好幾座橋梁。

羅亞爾河上空的西北方向飄著花冠般的熱氣球。我想像一群美國人漂浮在喜樂當中，拿著大大的高腳杯啜飲希農紅葡萄酒，互相慶賀這個地區未曾遭受轟炸。

羅亞爾河水面上的漩渦催眠了我，我在蒙特盧伊橋上停了多久？一堆堆石塊間的漩渦捲起泡沫。水流像在邀人冒險。正如貝璣[86]說「這條沙之河，榮耀之河」欲教人往下跳（這他倒是沒說）。河水來自法國中央高原，然後匯入大西洋。我沿著鐵道往前走，

86 Charles Péguy，一八七三～一九一四，法國詩人、作家、編輯。

過了橋。

河右岸的武夫賴高原上坐落好幾座葡萄園，這景致又顯得親切了。葡萄酒在普羅旺斯是陽光打在岩石上流出的血；在這裡，則是薄霧孕育的沙之血清。高原兩側是綴著岩洞的低崖。這是一種令人愉悅的煉金術：葡萄藤和空無。我目前不能喝酒，但可以渴望空無。

我要在莫奈南邊的長帶狀森林中露營。在那之前，我必須先穿過橫越高速公路的空橋。我雙肘撐著欄杆凝視車流，久久地發呆。也許在某天，在最後一滴碳氫化合物流盡後，這場芭蕾會戛然而止。那一刻，你就應該在這裡，在高速公路的空橋上。車流緩下，停止，車門拉開，駕駛人走出車外互相打招呼，雖然驚訝，仍繼續步行。

我和最後一束陽光一同留在樹林裡。我生了一堆火，搭起葛瓦克留給我的小帳蓬，在橡樹林下吃晚餐：我擁有一切讓我度過安全夜晚的元素：夜晚讓樹林震顫，高速公路的車流聲一路傳到空地，動物知道自己受到威脅，一公升兩歐元的油料不可能帶來永無休止的移動。

十月十九日，路過葛丁都蘭傑

昨夜很吵。都蘭傑森林熱鬧得不得了！動物在小樹間尋找食物，樹葉掉落，森林嘎吱作響，樹皮脫落。這是我在白霜中醒來的頭一個夜晚。樹下的葉子一路窸窣吵到莫奈。

接下來，我在平原上度過五天，兩萬五千分之一的地圖讓我眼睛酸痛。穿過鐵道，沿著林邊，切過高壓線下，向曳引機打招呼；尋找黑暗道路是我美好的煩惱，也是我的遊戲。入夜後我改變策略，入住村鎮中心的小旅館而不是搭帳篷睡野外。我在奧比涅拉康、馬耶、馬利科訥、沙維耶都市這樣過夜。

我偶爾也會遇見人。人數不多，但相當和氣。有些人被狗拉著在林邊散步。我在弗雷奈的磨坊前遇到一條讓主人有機會散步的獵犬。主人是當地人。

「磨坊還運轉的時候我就來過了。我爸會帶麥子來磨，拿麵粉抵工錢。」

「現在呢？」

他諷刺地打了個嗝，彷彿是嘲笑我在方才那一瞬間以為磨坊還在運作。

過了馬耶，紅銅色的森林裡立著巨石群。松林間的矽土小徑直通西北方。聖馬丁的酒吧有個蜘蛛精老闆娘，穿著黑色蕾絲衣服，濃妝豔抹。顧客向她點飲料時，可能會希望她同時施道咒語。一對有著圓腦袋的兄弟喝得爛醉，輕手輕腳地互相扶持。牆上掛著動物標本，有貓頭鷹、烏鴉和一隻睡鼠。老闆娘任我將頭靠在桌上睡覺，接著她過來叫醒我——她拿著抹布要擦桌子，這讓我睡得更安穩。

十月二十二日，在香檳蒙塞爾

日子一天天過去，景觀的變化難以察覺。只有地區政治帶來差異。經過這一趟徒步旅程，我可以畫出一個同心圓。在米其林旅遊指南上的村鎮中心充滿魅力，教堂整修過，茶館的對面有時會有剛開幕的書店。伍迪．艾倫大可在這些地方拍攝充滿他個人特色的電影。他的演員會發現外省是一場盛宴，值得登陸一探。

第二個同心圓是獨棟住宅。一名身穿睡衣的男人在修剪草坪，他剛洗好車子。一張傳單上寫著罹患阿茲海默症的老婦人失蹤了。

第三個圓出現了：商業。停車場全滿，超市二十四小時營業，火腿永遠在促銷。稍遠處，某個圓環指示了羅盤方位點，於是你來到鄉間、看到停放耕作機具的車棚及等待狩獵季節開張的野豬。這一切只證明了一件事：即使是法國人，只要努力，還是能成功治理世界。

這些日子唯一的挫敗，是在我靠近養雞場的時候。這些飼養集中營滲流出痛苦。不得動彈、見不到天日的母雞只能等死。這些活料工場的前面停著幾輛好車，肯定有人藉由這集中營獲利。我的鼻子聞不出這種地方散發的氣味，但我知道那股酸臭。通常，當我為了省下一、兩公里路程而穿過空地，靠這些設施太近，警衛會毫不客氣地驅趕我。也許他們從我身上看到了在大口吃烤雞前會先批評農夫的巴黎人。

同一天，我度過薩爾特河（河水顏色深沉，水量豐沛，水面覆蓋著一層硫化鐵顏色的粉末）、越過公路（所謂的「海洋公路」）以及興建中的高速鐵路。我知道這鐵道的用途：有必要在交通網絡增加一條鐵道，好讓你趕緊抵達你急著要離開的地方。

十月二十四日，經過拉瓦勒

我靠近城市，走進昂特拉姆，向咖啡館老闆娘點了一份肉湯。

「那是什麼？」

「熱湯。」我說。

「從來沒聽過這種東西。您從哪裡聽來的？」

「到處都有。我昨天才在布呂隆喝過。」

「這裡是薩爾特省！」她說：「他們會有，我也不覺得奇怪。」

我在邁昂度過兩天，享受它的溫柔巷弄。從前的曳船道路經過居住環境管理局整治。負責這類工作必須懷有高尚的節操！河岸少了點浪漫，但變得比較乾淨。你不能在沒有修剪的草叢中做愛，但你可以不必離開河面直接抵達拉瓦勒。在拉瓦勒，我在夢中躺了一天，才再度踏上河岸道路。河面流速緩慢，你可以想像，在猶如黑曜石的反光下，肉食性的狗魚正展開可怕的獵殺行動。一名慢跑的女子一看到我就驚慌地往回跑。我不敢看自己在河面上的倒影。

我在安度伊勒看到了教堂前的創新裝置，大感好奇。一臺「麵包販賣機」取代了麵包店，只要朝投幣孔投進一歐元，就可以得到一條棍子麵包，而這臺機器被人砸壞了。這是個法國式教訓：沒有麵包，人民會反抗；沒有麵包店，他們會砸壞機器。

抵達沙揚時，赭紅的月亮已經高掛在仍透著粉紅的天空，我坐在埃涅橋的矮牆上抽菸，指著月亮要路人看，但沒人理我。我略感失望，因為遇不到可以溝通的靈魂。到了晚上，走了四十公里抵達拉多雷後我才改觀。一個老人靠在木頭穀倉旁品嚐夜晚的空氣，我以為他是農夫。他邀我到他家過夜，他家四面圍繞著潮溼的草坪。他的妻子為我準備可麗餅。她在薄餅上塗抹著「所有諾曼第人家都愛的」一大塊奶油。在上邁昂的晚餐間，這對溫和夫婦的回憶豐富了我們的談話。

「我本來是木匠，四十歲那年受了傷，大家都拿我當殘廢看。但十年後，我拖著僵硬的腳步去徒步旅行。」

「當年大家叫他『流浪漢』。」主人年邁的妻子說。

「三十年間，我踏遍了法國。阿爾卑斯山、庇里牛斯山、中央高原都去過。還是跛著腳走。」

「他每年都去旅行，我開卡車跟在後面。」

「哪天我一定要寫成回憶錄。我時間還多得很！我父親活到一百歲，我現在才八十。」

這對夫婦向我描述了諾曼第登陸後讓地區分裂的幾場戰役，他們還記得在莫爾坦、法萊斯的反攻，以及終於得來的平靜人生。我還沒辦法架構出我的平靜人生，因為日子一天天過去，我還沒戰勝驚慌。他們為我準備了房間。我在筆記本上草草寫了些字，根據我的筆記內容，我發現自己和收留我的老人所走的路程相當，但這不足以讓我認為我的時間還很多。

十月二十八日，馬耶訥博卡日

早餐時，我才了解到這家兩位主人最讓我喜歡的是哪一點。當時，我們正在觀看口沫橫飛的電視新聞。首先，他們完全不批評。然後呢，當他們提到這個地區時，他們會反覆說「我們在這裡很開心」。總之，他們是罕見的夫婦：保持緘默，在地扎根。

在上邁昂的山丘上，芒什省的第一批特使——海鷗和繡球花——展開了冒險。魚販拿《西法日報》包魚，屋頂上覆蓋著石板瓦片：大海不遠了。迷濛的山谷中有一座修道院的廢墟。我穿過樹林，背靠斜坡。我時常躺下來看天上的雲。這是世上最虔誠的職業。

我在聖伊萊迪哈谷耶看見昔日從杜塞往莫爾坦的鐵路，鐵軌雖不復見，但路徑保留了下來，順著一條林蔭小道往西直行。一棵栗子樹的樹葉已轉為火紅，比其他幾棵灰綠色的栗子樹更早揭示秋天的到來。從前的火車站還在。諾曼第登陸後，這裡爆發過慘烈的戰役。六十年後的今天，我們以為盟軍在解放人民的歡呼聲中輕鬆前進，但事實比想像更艱辛。我今天早上在書報攤讀到畢佛[87]的說法：《博卡日的困境》延緩了英美聯軍的進展。但和平時刻終究到來。有了和平，森林重拾權力，溫柔的綠蔭保護著徒步旅人，樹葉窸窣作響，我的後頸像是觸了電。

十月二十九日，海灣

鐵道的殘徑通向蓬托博橋，巴頓將軍和部隊因而得以登陸。他從地理上的肚臍注入自由。橋拱下的塞呂訥河頑抗著，不想葬送在礁湖的淤泥中。一條小徑沿著鹽沼，順著河口通往阿夫朗什。這是我的最後一段旅程，往上爬到科唐坦半島，直到拉阿格岬，陸

87 Antony Beevor，英國軍事歷史學家。

地在這裡與大海相接。我選擇順西岸走，如此一來，我的左耳才能享受海浪餘波的音樂。倘若走另一側，也就是諾曼第登陸處，我便聽不見海潮的呼吸。只要預先安排好自己的所在位置，一耳失去聽覺並不嚴重。在餐桌上，聽音樂會，在半島上，生活不過是個定位問題。

我踩著穩健的腳步往前走。這兩個月的徒步生活在我身上設定了一個沙漏，什麼都無法讓我停下來。今天早上，我的背還一陣劇痛。走上三、四公里後，疼痛便消失了：運轉多時的齒輪會自己上油。步行也有精神蒸餾的作用，可以融解殘渣。任何人重摔過後——假使他還想站起來——都必須強迫自己安排一趟徒步旅行。從梅康圖爾出發，我的努力發揮了刨具的效用，拋磨掉我內心的碎刺。這天晚上，我坐在鹽沼前方一棟房子旁的石椅上，背靠著牆。我面前是康卡的海岸線，北邊是來自海面和天空的薄霧，南方是義大利的光線，猶如畫作。這個時候，我要為我的徒步旅行，為我的改變，為我的運氣心懷感謝。

在普羅旺斯，我還追不上自己的影子。到了中央平原，我感覺到空氣中漂浮著不友善的念頭。在這裡，飛鳥盛裝飛掠這個海鹽清洗過的世界，我覺得自己平靜地滑翔。所有黑暗道路都給了我它們的雙重優點：抹除軀體，解放行動。

三天來，新的肉體錯亂折磨著我；我嚴重失眠。夜晚的流動猶如瀝青，幾乎停滯，這種不公平的拒絕讓我怒火中燒。我睜著眼，動也不動，等待黎明將我從禁閉中釋放。於是我起身，心神狂亂地穿上衣服，蹣跚走向下一站，心裡想著蕭沆[88]。他年少時，會在夜晚的布加勒斯特街頭以喪屍的節奏漫步，到最後，他終於了解到，比起嘗試睡著，發瘋更必要。某天晚上他回家，看到他母親坐在廚房的凳子上啜泣。她等了他好幾個小時。她看著兒子，喃喃地說：「我早該墮胎的。」失眠是重複死亡，只是少了賜福。我母親經常抱怨這種不得休息的空虛。而我，我擁有輕風吹拂的白晝、花草的友誼、樹木

88 Cioran，一九一一～一九九五，羅馬尼亞旅法哲學家、思想家。

的輪廓、季節與鐘樓為我帶來青春。這些都比一個來自喀爾巴阡山、精神衰弱的母親強多了！

塞伊河轉了彎，聖米歇爾山在草地上方冒出頭來。神奇的「浮屠塔」就在那裡。成群的燕雀在含有海鹽的空中飛舞，拋出五彩碎紙，慶祝高塔和礁湖的結合。這座山集結了四種元素：水、空氣、土壤，再加上信眾的火。但那些十二世紀的人膽子真大，敢於將聖壇蓋在面對排水系統、泥塑、洋流、候鳥遷徙和搖擺蘆葦叢的泥沼上！讓永恆和短暫為鄰。然而你必須理解，永恆存在於泥沼換氣、潟湖排水和幼蟲孵化之中。短暫，則是人類嘗試讓神話在岩石渣裡扎根。

視線的錯覺讓人誤以為蘆葦顛覆了物理學：你會以為蘆葦花支撐著所有重量。遊隼在海水沖刷過的草地間覓食，岩石後方的天空染上一層珍珠色彩。啊，倘若詩人貝璣是阿夫朗什人，而非來自博斯就好了！

我懷著多年下來未曾浮現的心情，越過塞伊河走向熱內。正如哥提耶[89]體驗到雞皮疙瘩之外的感覺時所說的：「我內在的靈魂浮上了肌膚。」十年前，我從拉薩北邊的隘口觀看拉薩；我也曾在鹹海蘆葦叢中的一座小漁村裡扶起廢棄墳墓的十字架。在那兩個時刻，風景都令我喉頭一緊。我的身軀因持續徒步苦行而疲憊不堪，或許這讓我的內心更容易悸動。

沿著阿夫朗什和熱內的海岸線前進的缺點，是我會背對聖米歇爾山。我必須不斷回頭，才能得到聖山的潤澤。這段路程變得複雜，因為我走一百步就要向高聳的地標致意一次。每回頭看一眼，我的內心就更堅定：世界在運轉，鳥兒在覓食，聖山仍在原地，漂浮在因溼氣而顯得飄渺的潟湖上方。因為不停回頭確認，我幾乎要扭傷脖子。

棲息在岸邊的禽鳥同樣沒有停止活動，我從植物的縫隙觀察牠們的芭蕾。我真佩服這些鳥。牠們忙碌地生活在淤泥中，吃的是蟲子，卻仍然維持無懈可擊的優雅和潔淨。

89 Théophile Gautier，一八一一～一八七二，法國詩人、小說家、劇作家。

牠們彼此保持距離，絕不過度親近。你可曾看過我們人類在沼澤間行走？那想必美極了。我發誓要在最後的願望中加上一項：我希望能被扔進潟湖裡。我將滋養生物——蟲、魚、蝦蟹貝類和岸棲禽鳥，歸還我這幾十年來吃太多肉類得來的蛋白質。

我沿著海岸線走，踩過堆積的淤泥。這陣子潮水高漲，大海垂涎著斜坡。我得在淤泥中跋涉好幾百公尺。這天晚上，我抵達熱內的時間比預期得晚，但我無法確定這是因為沙洲讓我放慢了腳步，還是因為我執意向聖米歇爾山的輪廓致敬。

十月三十日，科唐坦半島東邊

這次，問題不再是如何分辨地圖上的黑暗道路：現在只要沿著海岸線，在回流和寂靜間保持平衡就好。黎明劃開天空，在雲層與大地之間拉出一線光明。在這裡，每一次日出都須付出努力，像是得拿刀撬開貝類緊閉的殼。走向格蘭維爾的路上，我回頭看了聖米歇爾山上千次，尖塔是禮物，祝福地平線上的人們。這柄短標槍插入無常的景象，從來不教人厭倦。沙丘流失，鳥兒焦躁，海濱的刺芹劈趴摩擦著熄滅的火焰。斜坡上散落著房舍，屋裡滿是家庭的祕密。小徑在金雀花叢中繞行，在懸崖邊大膽前進，來到沙丘背面再踏上頂端，最後消失在沙灘上。我在晚上抵達了格蘭維爾。

接下來幾天，我持續朝北前行。夜裡，我在沙丘間尋找蓋滿草的凹地過夜。幾隻兔子來搗亂，弄亂了帳篷的繩索固定器，也毀了我在失眠期間好不容易搶到的短暫睡眠。早上我會在薄霧中醒來。海灘坦白了它的逃脫路線。我想起馬群看見一望無際的空間時那種興奮之情。我偶爾會倒在沙灘的草叢上小憩，然後因為想再次出發而驚醒。我的左手邊是緞帶般的沙灘，足足兩百公尺寬。光是六月六日諾曼第登陸那天，東線的等寬空間便奪走了六千名搶灘士兵的生命。他們朝沙丘狂奔，遭到槍砲迎頭痛擊。六十六年後的今天，我沿著白色海灘悠哉散步。

我尊敬海洋對陸地的突襲。因為繞過潟湖——諾曼第語中的「havre」——我得多走十來公里，才能來到出發點的對面。斯堪地那維亞海岸迫使到訪峽灣的旅客須奮力前行，這種精神讓我重新振作起來。每次退潮，潟湖的水都會透過水道被吸出去。船隻停下，龍骨觸底，等待海水流動。海洋留下了彩繪玻璃的光影；反射天色是大海的責任。穿戴防水衣物的漁夫徒步帶著漁網，有了這些撈網，他們可以帶回一籃籃蝦子或鳥蛤。這些人能夠抵禦即將來臨的危機。鹽分染白了草，等待漲潮的海水讓草地恢復生氣。這些都是受祝福之地，廣納空氣和水，太陽和黑影。低地裡，細菌在各種交替的元素間沸騰，孕育地球上的生命。

海灣邊，蘆葦花遮住了地平線。蘆葦是懂得埋伏的植物。巴爾貝．多爾維利在《萊斯圖謝的騎士》中，將反革命分子的陣營設定在這些「矮籬和樹叢」帷幕後面。聖心堂的反抗分子隱身在金雀花叢後，為國王而戰。

巴爾貝描述這些諾曼第英雄起義的動詞是：「成為舒昂黨人[90]」。在他筆下，這個字既代表拒絕新政策，又指稱那些穿戴蕾絲打游擊戰，穿梭在陰影間、模仿動物叫聲隱密生存，藏身坡地後方捍衛世界的人們。這番既嚴肅又輕鬆的過程，難道不是黑暗道路生活的完美化身？想恢復這個動詞，只要將穿越伯卡日地區小塊田地的技巧轉移在個人生活上就好。我相信，在內心動盪的背後，仍然存在著瘋狂的世界、充滿陽光的土地和自由的海灘。

十一月三日，在海邊

我繞了一圈避開海水浴場。沙灘上，小蟲鑽出數以百萬計的小洞，讓這地方看起來

90 chouanner，舒昂黨為法國大革命期間尤指法國西部多省的保皇黨人。

有著中南半島的稻田氣氛。與戰後度假村興建的速度相比，點綴海岸線的港口顯然緩慢得多。我沿路經過皮魯海灘、林白海灘和巴恩維爾海灘。這些設施，是後方幾公里外，那些歷史悠久的村莊在海景岸第一線的投影。重建時，注重休閒的社會在景觀設計上留下了印記。在交流道和貯存穀糧的筒倉之後，海水浴場也成了法國繁榮時期的圖騰。一九六〇年代，法國社會對未來充滿信心，視國土為遊樂場。東部，沿著阿爾卑斯山的弧形線上，滑雪場引來從事冬季運動的度假遊客。鐘擺在六個月後盪到西部，又將夏日遊客帶往海邊。法國於是有了「休閒中心」和「度假村」。造雪機噴出粉末般的細雪，遊客先去滑雪，再回到曳引機整平的沙地上嬉鬧。休閒地理在地區面貌的改變上揮落必要的最後一刀。在十一月空無一人的淡季，這些地方展現出劇院後臺的魅力——所有布景都堆在這裡。沙灘上唯一的活動，是漁民駕駛曳引機，在潮水退去時耕耘他們的貝類花園。有時，我會看到一隻正在過馬路的狗。明年夏天，賣冰淇淋的小販會搖動他們的鈴鐺，宣布遊客重返海邊，喚醒他們數個月來沐浴在都市中的軀體。

十一月五日

小徑又回到手足般的格局，蜿蜒繞過虛無，掠過懸崖邊的卡特雷岬角尾端。大海打在黑色礁灘上，翻攪出泡沫。岩壁上的凹洞是可能的藏身處，躲著舒昂黨人或巴爾貝帶來的老情婦。多刺的海濱植物攀附在空無上，發揮那教人欽佩的謙虛穩重，忍耐著這個大環境。這給迷失在諾曼第的登山客上了一課。

葛瓦克和余曼在巴恩維爾卡特雷和我碰面。我們面對英吉利海峽群島，在羅塞爾岬角的尖端搭起帳篷，以爬滿金雀花的矮牆作為保護。這一小塊地方的名稱叫做「守衛室」，很適合崗哨。先是雲層，接著夜晚掩去了群島的輪廓。凌晨時分，葛瓦克背起他的相機，不想錯過英法海峽的任何光影；余曼呢，他則質疑既然有克里米亞半島，我們何必在科唐坦半島花這麼多時間；至於我，我覺得跑遍世界卻忽略身邊的寶藏未免太輕慢。

葛瓦克也同意，身處在千島群島，一個來自康布雷的人確實會覺得心神不寧。

「假如我是獨裁者，」余曼補充道：「我會強迫每個孩子徒步橫越法國。這不但可以解決肥胖問題，還可以讓人們認識植物。」

「還有政客！」葛瓦克說：「只要徒步旅行幾個星期，他們就能當選！這對他們來說，無異是拉撒路效應[91]。」

我貪看矮牆，拉慢了同伴的速度。分割小塊田地的藝術在這裡來到新高度。石頭迎接苔蘚，而苔蘚包覆石頭的銳角，保護成群的動物。啊！若是能以這種小塊田地的政治理論來對抗世界的紛擾，人類就得救了。樹籬的特質可以啟發人們。以樹籬分隔卻不築牆，劃定界線、去除模糊，保護卻不排擠。樹籬讓空氣流通，供鳥類築巢，還會長水果。我們在樹籬間穿行自如，而有了樹籬，土地不會滑落。它的陰影下有旺盛的生命，交錯枝葉下有豐富的世界，蕾絲後展開一塊塊田地。近來的全球主義如水母般吞噬了這種以樹籬為界的小塊田地，世界舞臺重組宣告了新時代來臨。新時代也許開心，只是還沒表現出來。天曉得新草原會是個快樂的廣場抑或戰場？唯一能確定的是，暴風雨即將抵達弗拉芒維爾，而我們無處躲藏。沒有石板，沒有碉堡！懸崖邊連家小酒館都沒有。

蹣跚走在黑色道路上，我經過了一個似乎沒不怎麼熱中於改變的國家。我們不應將責任歸咎於年代久遠：倘若法國仍相信古老的命運，那麼這個國家要怎麼在全球化時代奮勇前進？化石絕不會老到變質。我們能要求藏寶室的館長來處理國際事務嗎？從熱帶地區到北極格陵蘭，太多國家想成為星球站長和國際雜貨商。而我們仍以為自己是世界的中心，背負全球秩序的使命；對我們而言，全球化不是天賜良機。第一線的鄉村遭受遽變的衝擊，農夫站在國際規模的龐大市場前感到驚恐。我們能理解他們的想法：在某塊土地上耕種了兩千年之後，要參與國際市場並非那麼簡單。

光線穿透雲層，在西歐托小海灣的海面上投下雲綢般的光影，但雨來得既快又凶。

91 Effet Lazare，典故出自耶穌讓過世四天的拉撒路復活，有起死回生之意。

在午後的炭灰色天空下，我們偶爾會瞥見拉阿格的工廠。有時候，我們會躲進村裡的咖啡館。在諾曼第，一切取決於你是否能站在玻璃內外正確的一邊。

我們繞過迷宮般的矮牆，抵達迪耶列特。海的顏色猶如打溼的石灰岩。屋舍的正面迎風，站在令人充滿希望的牆外，你可能想像屋裡鋪著踩了會嘎吱作響的拼木地板和上了蠟的家具。在村裡一處花團錦簇的園子裡，有人惡作劇地立起一座石碑，上面刻著「致受輻射傷害的無名氏」。指的自然是核廢料回收處理廠。儘管如此，我還是在旅館房間的床頭燈下開心讀完了《萊斯圖謝的騎士》。

十一月六日，前進岬角

我攤開國家地理研究所的拉阿格岬角地圖，這地方是最後的地標。喬布爾倒懸下方就是英吉利海峽。地圖的上緣是整片藍色，代表這段路程的終點。我試著比平常更加莊重地攤開地圖。畢竟，這個手勢即將結束我漫長的復健。沒想到一陣強風吹走了我的努力。

科唐坦半島是法國伸向天空的手臂，為的是偵測是否會下雨。畢維爾的沙丘在小塊田地和大海間平緩起伏，上面覆蓋著粉彩色系的植被。是因為尊重樸素的天空，植被才不讓自己展現出過於刺眼的顏色嗎？

這天晚上，我們在喬布爾倒懸搭起打溼的帳篷。核電廠的光線是一道提醒，只有傻子才會在核裂變的時候在雨中露營。

十一月七日

我還是得等白晝來釋放我。對失眠的人來說，每個黎明都是屬於自己的六月六日。東方，燦爛陽光撕開了鉛灰色的天空：我拉開帳篷就看到這一幕。光束將大海染銀，斜坡上的蕨類仿似絲絨。一萬年前，獵人和採集者曾在這片陡坡上為求生存而奮鬥。諾曼第人稱這片陡坡為「高崖」，這說法想必會讓薩瓦省人笑出來。馴鹿飼養人有個優點，他們站在狩獵的天空下，停在洶湧的大海前。一萬年後，核電設施在遠處豎立觸手。從前人類削磨骨頭，現在則是改造原子。時光流逝，天色依然灰白。

低崖上的植物長得很強壯，金雀花和水飛薊緊攀著空隙。狂風毫不留情地拍打灌木叢。說不定棘刺會撕裂狂風。斜坡上的矮樹叢和這一帶的畜牧者一樣勇敢固執，置身在西方世界的邊緣。

陰暗的山脊在每處小徑的入口處切割出新的線條。烏鴉停在層流中，一陣風吹來，便振翅飛動。在諾曼第的神話中，烏鴉是記憶中人的轉世。在這裡，牠們監看著海岸沖刷下的古老花崗岩。牠們是記憶的守護者，也是古老船難的見證者。我們走到能看見固立燈塔的位置，直到一九九〇年改為自動化系統操作之前，這個地獄仍然由一名守燈員看守。

「地獄？」余曼說：「一個可以獨居的地方會是地獄？」

十一月八日，地圖邊緣和國土盡頭

凌晨，我們在海鷗的撲擊下走向巴亞倒懸。有海，就有很多海鷗。斜坡上的德國碉堡最終還是成了草原上的廢墟。我們背抵著矮牆坐下。這裡是科唐坦半島的極北點。我們來到了拉阿格岬角的信號臺。

我原來只是躺在床上想像這段法國漫步，接著我站起來，完成了行程。我那一摔，摔出了這段旅程。以我的品味來說，某些道路夠像迷宮也夠孤寂。那些地方瀰漫著山楂樹和樹皮的清新香味。這趟路，我曾經幾度蹣跚踉蹌；我的抵達，則是為了靠近矮牆以結清帳目，忘卻那些不幸的事件。新的黑暗道路由此展開：這些黑暗道路不在兩萬五千分之一比例的地圖上，必須由我開闢。逃離，自我封閉，獨自側步前行，以靜默為長期的旅行潤色，以幻影來維持。這是個撤守的策略。

所有長途步行，都自有其救贖的氛圍。你出發，在荊棘間找出路，避開村莊。你找到遮風蔽雨的地方過夜，以夢境抵消白日的哀傷。你在森林裡覓得住處，聽著貓頭鷹的叫聲入眠，到了早晨再次出發，穿梭在刺扎人的長草間，與馬匹錯身而過，遇見安靜的農人。

法國農村保存在起伏地勢的深處，在其他地區則是逐漸凋零。歷史在這片土地上精心製作出一塊勤勉的棋盤，現今仍得見蹤影。農夫向一個世界道別，但他們不認識後續的新世界。和這些人對話從來不可能冗長，因為除了對話，他們還有其他要事待辦。

你踏進田野，無法解釋地在森林小路叉口看到自己母親的臉孔。你走過休耕地，走進森林，望見美麗的石砌禮拜堂，先沿著河岸，然後沿著海岸前行，你踩在沙地上，聽見了浪頭回流聲，最終抵達國家邊界。於是，你準備返家，擺脫啃噬你內心的蟲子，洗去一切苦難，再度站起來。

你應當要永遠回應地圖的邀請，相信它們的承諾，穿越這個國家，在邊界站個幾分鐘，結束那些不幸的篇章。

我在奧蒙維爾拉羅格前面，凸出在半島前方一塊長了草的岩石上度過最後一夜。我們摸黑踩過滑溜的岩石，才抵達了目的地。我們撐起帳篷，但洶湧浪聲將睡意驅離到遠處。今天，我們走了三十五公里，樹籬隔起的小塊田地讓這段路更趨複雜。

「結束了。」我告訴自己。命運賜予我恩澤，讓我能夠再次隨心所欲行走，讓我在舒適的前哨——坡面上狹窄的平地、樹下、懸崖邊——睡在星空下。我躺在國土之上。從來沒有人清楚知道變化會為自己帶來什麼。國家不是爬蟲，不懂得蛻皮。法國改變了外貌，鄉村變了臉，城市整了型，而潮水在我的帳篷邊升起；明天，我將不再遊蕩。我們一致同意的是，我們仍然可以再出發，勇往直前走進大自然。世上仍有灑滿日光的山谷，只是沒人能為你指引路線；而你可以藉由在國家壯觀深處度過的一個個夜晚，為這段風中的時光加冕。

間隙存在，你應該去尋找。

黑暗道路依舊在。

你有什麼好抱怨的呢？

穿越黑暗的道路／
席爾凡．戴松（Sylvain Tesson）著；蘇瑩文譯.
－初版.－新北市：木馬文化事業股份有限公司出版：
遠足文化事業股份有限公司發行，2023.07
面； 公分.－(木馬文學；165)
譯自：Sur les chemins noirs
ISBN 978-626-314-475-0(平裝)
1.CST: 戴松（Tesson, Sylvain, 1972- ）
2.CST: 傳記　3.CST: 遊記　4.CST: 法國
784.28　　112009926

木馬文學165

穿越黑暗的道路
Sur les chemins noirs

作　　者　席爾凡・戴松（Sylvain Tesson）
譯　　者　蘇瑩文
社　　長　陳蕙慧
總 編 輯　戴偉傑
責任編輯　戴偉傑・周奕君
行銷企畫　陳雅雯・趙鴻祐
美術設計　兒日設計
內頁排版　黃暐鵬

出　　版　木馬文化事業股份有限公司
發　　行　遠足文化事業股份有限公司（讀書共和國出版集團）
231新北市新店區民權路108-4號8樓
電話 02-22181417　　傳真 02-22180727
E-Mail service@bookrep.com.tw
郵撥帳號 19588272木馬文化事業股份有限公司
客服專線 0800221029
法律顧問　華洋法律事務所　蘇文生律師
印　　刷　前進彩藝有限公司
初版一刷　2023年7月

定　　價　350元
I S B N　9786263144750（紙書）
9786263144774（EPUB）
9786263144767（PDF）